FAÇA SEU NEGÓCIO DECOLAR

CARO LEITOR,

Queremos saber sua opinião sobre nossos livros.

Após a leitura, curta-nos no facebook/editoragentebr,

siga-nos no Twitter @EditoraGente e visite-nos no site

www.editoragente.com.br.

Cadastre-se e contribua com sugestões, críticas ou elogios.

Boa leitura!

FABRICIO MORINI

FAÇA SEU NEGÓCIO DECOLAR

Diretora
Rosely Boschini

Gerente Editorial
Carolina Rocha

Assistente Editorial
Natália Mori Marques

Controle de Produção
Karina Groschitz

Preparação
Leonardo do Carmo

Projeto Gráfico e Diagramação
Balão Editorial

Revisão
Vero Verbo Serviços Editoriais

Capa
Ester Marciano

Impressão
Gráfica Rettec

Copyright © 2017 by Fabricio Morini
Todos os direitos desta edição são
reservados à Editora Gente.
Rua Pedro Soares de Almeida, 114,
São Paulo, SP — CEP 05029-030
Telefone: (11) 3670-2500
Site: www.editoragente.com.br
E-mail: gente@editoragente.com.br

Dados Internacionais de Catalogação na Publicação (CIP)
Angélica Ilacqua CRB-8/7057

Morini, Fabrício

Faça seu negócio decolar: verdades que ninguém te conta sobre o empreendedorismo da vida real/Fabricio Morini. – São Paulo: Editora Gente, 2017. 160 p.

ISBN 978-85-452-0199-1

1. Negócios 2. Sucesso nos negócios 3. Empreendedorismo I. Título

17-1135   CDD-650.1

Índice para catálogo sistemático:
1. Sucesso nos negócios 650.1

Se empreender fosse fácil, mais pessoas o fariam.
É tudo sobre a vontade de manter-se em movimento!

GUY KAWASAKI

Conselheiro da Apple e grande parceiro

O verdadeiro lugar de nascimento é aquele
em que encontramos a razão de ter nascido
"19° 19' 12" N 69° 31' 48" O

DEDICATÓRIA

Parece curioso neste instante apanhar mais uma vez a caneta e transcrever sentimentos para um papel, olhar para trás e, numa espécie de vídeo, assistir à minha trajetória. Por isso, assumo que, no empreendedorismo, a teoria darwiniana nunca esteve tão correta: o mais adaptado é quem sobrevive.

Num mundo em que tudo muda rápida e bruscamente, nós, empreendedores, devemos estar prontos e atentos a tudo, sem nos descuidar em nenhum momento, pois, caso contrário, seremos obrigados a ficar com o peso das consequências. Em nossa jornada empreendedora, toda vez que decidimos fazer algo de verdade, colocamos em movimento uma série de energias e forças, até chegar num estágio em que temos de nos enfrentar cara a cara. Eis o momento mais importante disso tudo: não poderemos esconder de nós mesmos quem realmente somos.

Dedico este livro a todos os empreendedores brasileiros. Empreendedores que simplesmente não aceitaram a ideia de que não seriam bem-sucedidos. E note: não estou falando do sucesso materializado numa conta bancária recheada; estou falando de satisfação pessoal, estou falando da *obra*.

Ser empreendedor é a ideia e a atitude delirante de não conseguir ser outra coisa na vida.

AGRADECIMENTOS

"A coragem é o que dá sentido à liberdade". Dessa maneira explicou-me o meu pai sobre o sentido da vida. Na prática, porém, minha mãe me mostrou o sentido de ser feliz.

Agradeço à minha família, aos empreendedores brasileiros e às pessoas que fizeram este livro possível.

Encerro, então, compartilhando o segredo do sucesso: persistência!

Não se iluda com os bons e os maus conselhos que recebeu e ainda vai receber no decorrer de sua jornada, pois só você poderá dizer o que realmente faz sentido para seus projetos.

Educação formal é ótima, mas não enche barriga – é preciso usar a teoria e mergulhar na prática.

Talento é bênção, mas superar-se exige compromisso consigo mesmo.

Genialidade? O mundo está repleto de gênios enclausurados em trabalhos que não os desafiam nem os preenchem.

Persistência e determinação: estas, sim, são as chaves do sucesso. Recuse-se a acreditar que você não será bem-sucedido, corra para se superar todos os dias e você certamente chegará lá.

Excelente leitura!

SUMÁRIO

PREFÁCIO – OZIRES SILVA ... 17

INTRODUÇÃO ... 21

1 – HOJE, TODO MUNDO QUER EMPREENDER ... 29

MEU NEGÓCIO NÃO DECOLA ... 42

2 – OS ERROS MAIS COMUNS DOS
EMPREENDEDORES INICIANTES ... 47

POTENCIAL E REALIZAÇÃO: OS PILARES PARA EMPREENDER ... 50

3 – AUMENTE SEU FOCO ... 61

COMO NASCE O EMPREENDEDOR? ... 64

4 – AÇÃO! ... 77

HÁBITOS PARA AGIR MAIS ... 80

MENTE ABERTA ... 85

DELÍRIO COLETIVO ... 88

5 – PLANEJAMENTO EFICAZ ... 93

COMO DESENHAR SEU PLANO DE NEGÓCIOS? ... 99

6 – PRECISAMOS FALAR SOBRE DINHEIRO 113

GESTANDO MEU PRIMEIRO NEGÓCIO 117

OS ERROS MAIS COMUNS NA HORA DE APRESENTAR SEU PROJETO 119

A QUEM PROCURAR? 121

"ANJOS" E "VAQUINHAS" 123

COMO CONSEGUIR UM ANJO? 128

7 – TEMPO DE DESPERTAR 131

O IMPOSSÍVEL EM POSSÍVEL 138

UM EXÉRCITO DE SONHADORES-REALIZADORES 142

8 – DECOLE! 149

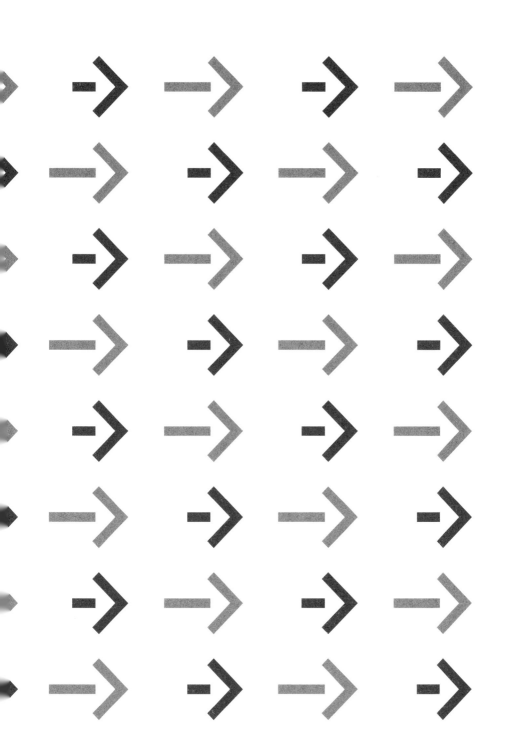

PREFÁCIO

Mahatma Gandhi, Nelson Mandela e Martin Luther King, três dos mais importantes líderes mundiais do século passado, foram unânimes em dizer que a melhor maneira de propagar o conhecimento sobre empreendedorismo é transmitindo exemplos. Há uma lista extensa de fundamentos que devem ser propagados àqueles que desejam liderar desde pequenas equipes até grandes grupos de pessoas; dela emergem palavras e expressões mágicas, como confiança, integridade, espírito de equipe e, certamente, exemplos de comportamento e de reação diante dos acontecimentos da vida.

Miguel de Cervantes, romancista espanhol, acentuava que: "Quando se sonha sozinho é apenas um sonho; quando se sonha junto é o começo da realidade.". Tudo em empreendedorismo nasce dos sonhos, e estes devem ser preservados ao longo dos anos, mas também compartilhados, cultivados e transmitidos aos participantes das equipes de trabalho.

Dentro da realidade profissional, surge a reflexão sobre os objetivos a serem alcançados e a importância de acreditar nas grandes mudanças positivas que tornarão mais concretos esses objetivos. João Marcelo Furlan, CEO da Enora Leaders e professor na área de vendas e liderança, gosta de fazer um exercício com seus alunos, pedindo a eles que desenhem de maneira clara o que pensam ser o sucesso em suas áreas de atuação. Já por aqui, sempre nos perguntamos: quais são as mudanças objetivas que determinariam o sucesso na materialização de nossos sonhos? E o que devemos fazer para otimizar esse processo?

O trajeto à nossa frente não é tão sólido como o que acabamos de atravessar. O sonhador precisa ser antes de tudo um líder, pois, embora haja determinação rumo a uma meta (a qual, por vezes, chega a ser maior do que as expectativas iniciais), seu futuro será composto por múltiplos caminhos. Ou seja, a perseverança, mesmo sob as condições mais adversas, deve ser mantida o tempo todo, pois desistir ou parar são palavras que não estão no dicionário do empreendedor!

Creio que esses poucos pensamentos de grandes empreendedores e líderes do passado, que com sua integridade e sua humildade mudaram o mundo, possam traduzir o que estaria na mente de Fabrício Morini quando escreveu o livro que você tem em mãos neste instante, o qual tive a honra de prefaciar.

Convido-o a extrair destas páginas mais do que está posto em palavras – algo que o encoraje a escolher e palmilhar o caminho que é seu, somente seu! Não há dois trajetos iguais em momentos diferentes. Faça do seu uma vitória, é o nosso desejo!

OZIRES SILVA

Reitor do Centro Universitário Monte Serrat (Unimonte)

Ex-presidente e cofundador da Empresa Brasileira

de Aeronáutica (Embraer)

INTRODUÇÃO

"O CAMINHO PARA COMEÇAR ALGO É PARAR DE FALAR E COMEÇAR A FAZER."

WALT DISNEY

Empreender está na moda, e é bem fácil perceber isso: basta um passeio pela internet e veremos uma profusão de mensagens, textos e vídeos que prometem ajudar você a "chegar lá", a ser "dono do próprio negócio em dez passos", a se tornar o "Rocky Balboa do mundo dos negócios", a "largar a carteira assinada e abrir uma franquia para faturar 15 mil reais por mês". Tudo brota com uma velocidade impressionante, não é mesmo? Isso pode nos deixar atordoados, sem saber ao certo que rumo tomar e, em geral, com mais dúvidas do que estávamos antes de começar a pesquisa. Será que o ideal é abrir uma franquia? Ou vale a pena apostar naquela ideia que há tempos vem martelando na cabeça? Precisarei de um sócio, um investidor-anjo ou terei de recorrer ao banco? Será melhor começar somente com uma loja *on-line* e depois ver no que dá?

FAÇA SEU NEGÓCIO DECOLAR

Há uma infinidade de possibilidades, e isso mostra como abrir sua empresa não é tarefa das mais simples nem um martírio sem fim. Empreender é assumir o risco de começar algo novo. É isso que é preciso ter em mente. Se fosse algo com 100% de garantia de que daria certo, provavelmente viveríamos numa sociedade só de empresários. No entanto, não é o que vemos. Isso não acontece nem mesmo nos Estados Unidos, a maior economia do mundo, onde as facilidades para abrir uma empresa são incomparáveis (uma das diferenças é que, lá, o tempo para começar um negócio é de apenas quatro dias; já aqui, nunca se sabe quando todas as licenças estarão liberadas). E olha que estamos falando de um país que vem dominando o mundo dos negócios desde o fim da Primeira Guerra Mundial. Foi no cessar-fogo que os norte-americanos se fizeram potência, e dali surgiram grandes nomes, como Henry Ford, da Ford Motor Company, Jack Welch, da General Eletric, Walt Disney, Phil Knight, da Nike, e, mais recentemente, Bill Gates, da Microsoft, Larry Page, do Google e Mark Zuckerberg, do Facebook.

Citei aqui empresários que transformaram suas ideias em ações. Seus negócios se tornaram globais, bilionários e promoveram intenso progresso econômico – basta dar uma olhada na sala do seu escritório para ver como eles transformaram a nossa vida. Todos eles colocaram em prática algo em que acreditavam. Obviamente, estavam preparados, tinham um bom círculo de relacionamento e fizeram a hora certa e o local certo acontecerem.

Isso porque enxergavam significado no que estavam desenvolvendo e acabaram por trazer inovações ao mercado. Ao olhar para esses exemplos, fica claro perceber por que dois terços dos adultos do mundo acreditam que empreender é uma boa opção de carreira[1]. Esta publicação se propõe a mostrar justamente isso, é claro, mas não só. Um dos aspectos mais importantes é que este livro também pretende ser um guia para mostrar a você como evitar "roubadas" e fazê-lo escapar da autossabotagem.

Quero contar aqui uma história que aconteceu comigo e que pode ilustrar bem as armadilhas mais comuns na caminhada de um empreendedor. Em meados de 2016, recebi o convite para participar de um projeto, uma espécie de *outsourcing*, uma proposta de envolver terceiros no desenvolvimento de determinada área de uma empresa, cujo nome era "Sinergia". Eu contava com a parceria de um importante profissional, a quem chamo de "professor" devido à sua incrível experiência, boa parte adquirida em multinacionais. Tínhamos em comum uma característica bastante relevante para os empreendedores: somos *hands on*. Em bom português, gente que põe a mão na massa.

Precisávamos de resultados rápidos, não tínhamos tempo para quase nada, e o CEO da empresa não nutria grandes esperanças de que conseguiríamos um modelo eficiente para solucionar o problema apresentado. Havia colaboradores potencialmente ex-

---

1. Pesquisa da Global Entrepreneurship Monitor, realizada em 2015, em 58 países.

celentes, mas desanimados, e outros cujo comportamento era irrecuperável. Equilibramos a equipe. Aí, o projeto deslanchou. Os que estavam cabisbaixos voltaram a projetar seu futuro dentro da companhia. No entanto, eu não imaginava, àquela altura, que o maior aprendizado ainda estava por vir.

Depois de um exaustivo dia de trabalho, o "professor" sentou-se ao meu lado e, com voz calma e pausada, disse-me: "Fabricio, minha filha tem 20 anos e vive hoje na Inglaterra. Você sabe quantas vezes a levei ao médico?". Fui prudente e apenas esperei que ele concluísse seu raciocínio. "Nenhuma", continuou. Devo ter feito uma grande cara de interrogação, e ele concluiu: "Precisei sacrificar momentos com a minha família para conseguir dar-lhes mais conforto e uma vida com menos percalços do que a que tive. Sofri com isso, mas o meu sonho era ver que eles nunca passariam necessidade". Aquilo mexeu comigo. Mostrou o tamanho do comprometimento daquele homem. Certamente muito envolvido com o trabalho, mas também com o propósito a que servia destinar tamanha energia à tarefa de empreender – mesmo que isso acarretasse algumas dores e decepções.

Eis uma grande lição, meu caro leitor. Encontramos na nossa caminhada uma série de pessoas, muitas delas dirão que têm 100% de entrega em suas metas, mas, na realidade, não é bem assim. Ao longo do caminho, você sacrificará coisas e momentos importantes em nome de seus propósitos. Não estou afirmando que deverá abrir mão da sua família, de maneira nenhuma; até porque, para muitos, empreender é justamente um caminho para poder estar mais presente na vida daqueles que amam. O que quero dizer com esse exemplo é que, em diversas situações, você será posto entre aquilo que *gostaria* de fazer e aquilo que *deveria* fazer para alcançar o que é essencial na sua vida. E falar disso é importante, porque muitas pessoas não estão acostumadas com a frustração e, nesses casos, bastará o primeiro obstáculo para desistirem. Infelizmente, é uma condição inerente ao ser humano: tendemos a buscar as experiências que nos mantêm em nossa zona de conforto, que evitam embates. São poucos os que se propõem a ir além e superar as adversidades. Esses fazem história e motivam outros espíritos empreendedores, pois, no final das contas, essas pessoas sabem que as prioridades estabelecidas hoje valerão a pena amanhã.

Após a leitura deste livro, é imprescindível que você consiga ter identificado as pistas necessárias para decodificar os caminhos da prática empresarial. Simplificando: deixar de andar em círculos atrás de soluções mágicas e pôr a mão na massa. No entanto, você deverá saber que precisará de uma dose abissal de perseverança, coragem e, sobretudo, trabalho e suor. Para que chegue a isso, os capítulos foram organizados de forma que você:

→ Conheça as qualidades e as habilidades necessárias para empreender.

→ Aprenda a identificar os conteúdos e as pessoas que realmente podem levá-lo a algum lugar.

→ Consiga fazer um planejamento de negócio sem que fique apenas amarrado a ele.

→ Mantenha o foco na ação, colocando de lado conversas e opiniões que acabam levando-o à estagnação.

→ E se preocupe também em deixar um legado.

Desde que comecei a empreender, aprendi lições importantes, como a que contei anteriormente, e quero compartilhá-las para que as boas ideias prosperem. É duro ver que algo sensacional não saiu do papel, seja por falta de espírito empreendedor, por excesso de zelo, seja simplesmente porque o tempo foi passando e você foi tocando o dia a dia e, quando percebeu, a oportunidade já havia ido embora – é ainda pior quando aquele seu estalo virou realidade nas mãos de outra pessoa!

Saiba que as boas ideias acontecerão com ou sem você. Se estiver fora da jogada, ficará com aquele gosto amargo na boca e um enorme sentimento de impotência. Por isso, mais do que enumerar regras de como fazer seu negócio decolar, a proposta deste livro é motivá-lo a ser o comandante de seu voo.

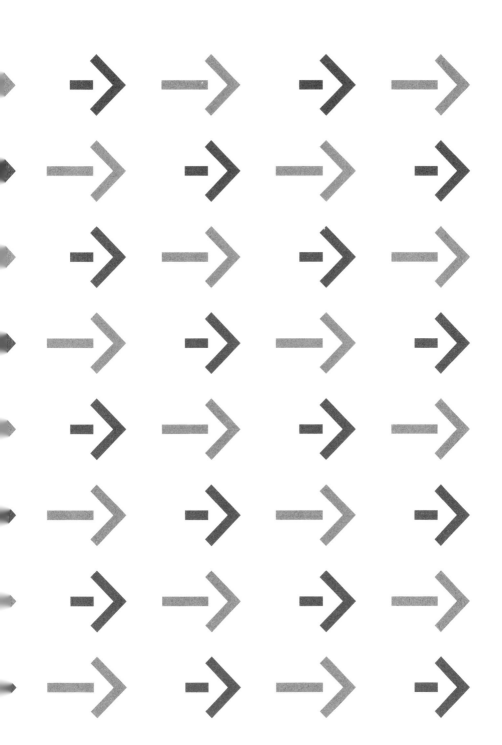

HOJE, TODO MUNDO QUER EMPREENDER

Preciso revelar algo importante: nem sempre pensei em me tornar um empreendedor. Talvez você esteja pensando agora: "Oras, eu me encontro justamente nessa situação.". Provavelmente, esteja tocando sua vida profissional como funcionário de outra empresa, ou, no caso mais dramático, tenha sido desligado da companhia e sinta pulsar aquela vontade enorme de liderar o próprio sonho.

Outros, ainda, acabam se vendo na mesma encruzilhada em que me encontrei quando parti para o mundo dos negócios. Fazem o que amam, acreditam que podem atingir o sucesso, mas, de uma hora para outra, devido a algumas circunstâncias, veem-se obrigados a mudar de rota. Bem, foi exatamente isso o que aconteceu comigo. O caminho que me levou ao mundo dos negócios e me fez abrir uma escola de aviação passou, antes, pelos campos de futebol.

Na infância e na adolescência, minha ambição era defender o azul, o branco e o preto do Grêmio de Porto Alegre. Depois da aula, era comum meus amigos e eu passarmos longas horas na praça em frente ao colégio onde eu estudava. Praticávamos a boa e velha "cancha", com gols feitos com pedras. Naqueles anos, ainda era possível brincar na rua sem grandes preocupações com a violência. E olha que não faz muito tempo que isso aconteceu.

Ali, não tínhamos posição fixa. Como é comum nos jogos de crianças, a ideia é experimentar. Ora ia para o ataque, ora ia para a defesa. Meu pai, meu maior incentivador no esporte, enxergou em mim potencial para seguir adiante como goleiro. Ele sabia como me apoiar, estava sempre ao meu lado nas peneiras e sempre me levava aos treinos. Não me deixava fazer "corpo mole", era exigente e cobrava comprometimento com o que eu estava fazendo. É bem provável que fosse sua cabeça de empreendedor trabalhando ali. Não me adiantarei agora; contarei a história dele um pouco mais adiante.

O fato é que a empolgação dele com o meu desempenho me contagiava, e eu dava tudo de mim para conseguir uma das disputadas vagas nas categorias de base do tricolor gaúcho. Quando seguia para o Centro de Treinamento Eldorado do Sul, sentia que estava a cada dia chegando mais perto do objetivo de me tornar um jogador de futebol profissional. Estar ali, treinando diariamente me motivava a perseguir essa meta. Como era estimulante imaginar que, um dia, poderia ter meu nome escrito na história do clube, ao lado de grandes arqueiros, como Eurico Lara, Arlindo Lau, Mazarópi e Danrlei!

Foi uma pena que minha trajetória no tricolor gaúcho não tenha sido maior. Acabei deixando o clube prematuramente. Gosto de pensar que meu temperamento, quando adolescente, era difícil. Atribuo os acontecimentos negativos daquela época a isso. A falta de maturidade realmente pode atrapalhar muito em algumas ocasiões. Uma frase que ouvia sempre, mas de cujo autor não sabia o nome, até que encontrei ao fuçar na internet, resume bem essa situação. O escritor e dramaturgo Nelson Rodrigues teve uma tirada ótima quando o repórter J. J. Ribeiro, do jornal mineiro *O opiniático*, perguntou-lhe que conselho daria aos jovens. Rodrigues respondeu: "Jovens, envelheçam rapidamente!". É de uma simplicidade genial, pois mostra quanto a juventude mete os pés pelas mãos e desperdiça oportunidades por não conseguir ter uma visão mais longa dos impactos de suas decisões, como no meu caso com o Grêmio.

Poderia não ser no Tricolor, mas não me parecia possível deixar de ir atrás do que eu queria. Do alto dos meus 16 anos, não via outra alternativa a não ser persistir. Não havia outro caminho. Por um bom tempo rodei por categorias de base de diversos times no Brasil, principalmente no Rio Grande do Sul, meu estado natal. Foram excelentes escolas e, em algumas delas, tive boas oportunidades, até que surgiu uma chance incrível de jogar no exterior. Arrumei as malas e embarquei para os Estados Unidos.

FAÇA SEU NEGÓCIO DECOLAR

Naquele momento, o esporte ainda era muito importante para mim, mas sabia que, talvez, o futebol profissional não fosse o meu caminho. Tinha a certeza de que ir para o exterior seria uma oportunidade que mudaria minha vida. Poderia fazer um percurso às avessas e me destacar onde o esporte bretão não era muito popular. Bem, chance não se desperdiça. Agarra-se.

Entrei de cabeça no estudo de inglês para fazer um exame de certificação de proficiência na língua. Depois, foram 15 dias de *try out*, testes em Miami para concorrer a uma bolsa de estudos, e foi assim que consegui entrar para a Missouri Valley College. Por quatro anos vesti a camisa dos Vikings, apelido dos times da faculdade.

Tudo parecia ir bem, e realmente sentia que, um dia, eu me tornaria profissional. Entretanto, tinha a sensação de que, sem um bom agente (no caso, nem empresário eu tinha), meus dias de boleiro seriam encurtados. Bom, foi o que de fato aconteceu.

Quando regressei ao Brasil, senti-me um tanto deslocado. Já havia me acostumado à rotina de uma pequena cidade norte-americana. Isto é, horários bem-definidos, pouco agito, jantar às 18 horas, uma vida mais regrada, ainda que com pequenos "desvios". Foi duro encarar a realidade de um grande centro urbano brasileiro, como Porto Alegre. Ainda por cima, tinha de dar explicações a todos: muitos acreditavam que eu fora ao exterior para me tornar profissional e, agora, retornara fracassado e perdido. Pura ilusão!

Havia aprendido muito nos Estados Unidos. O modo pragmático como os norte-americanos enxergam as coisas, a objetividade e a maneira como planejam me moldaram de outra forma. Passei a ser ainda mais metódico, mais focado, mais sedento por resultados. E preciso abrir um parêntese aqui: reconheço que muita gente critica essa visão de mundo. Compreendo que nem todos desejem viver da mesma maneira, mas funcionou para mim.

Isso tudo faz parte de uma jornada de autoconhecimento. É importante identificar suas qualidades, seus pontos a serem desenvolvidos, que tipo de profissional você é e que métodos o ajudam a entregar o melhor de si. Adquirir esses conhecimentos é ainda mais necessário quando você decide correr os riscos para colocar um negócio de pé. Saber se você consegue lidar com esse modo de vida, de dedicação integral, determinará o caminho do seu sucesso e da sua felicidade com o seu trabalho e o seu propósito.

Com essa bagagem adquirida e a percepção de que algo mudara dentro de mim, refleti muito e decidi conversar com a minha família. Como todos os nossos diálogos, fomos sinceros e ponderamos as implicações da decisão que eu estava prestes a tomar.

Fiz a opção de pendurar as chuteiras aos 20 anos. Poucas coisas machucam tanto o nosso orgulho quanto desistir de um sonho. Vem aquela ressaca moral e a sensação de que você jogou a toalha antes da hora. Sem contar o medo terrível de se arrepender e só perceber depois que ainda tinha chances de alcançar seu objetivo. Lembro-me até hoje de como aquela decisão foi dolorosa.

Quando empreendemos, seja no que for, colocamos forças extraordinárias naquilo, e por isso mesmo é tão complicado dar um passo em outra direção. Sabemos que, em nossa cultura, não desistir é considerado uma virtude. Isso vai da dieta nova que você está começando até a rotina estafante num trabalho tedioso. Se você parou ou saiu, é porque é um perdedor. Não se analisa o contexto. É simplesmente assim: preto no branco. O psicólogo Will Meek, da Universidade de Portland, nos Estados Unidos, escreveu recentemente um artigo sobre a virtude de desistir. Um trecho em especial me ajuda hoje a entender melhor a decisão que tomei naquela época:[2]

ACREDITO QUE HÁ TAMBÉM MUITO VALOR EM TER O DISCERNIMENTO, A CORAGEM E A CONFIANÇA PARA ACABAR COM ALGO QUE NÃO ESTÁ FUNCIONANDO, OU PELO QUAL NÃO ESTAMOS MAIS APAIXONADOS, E ENCONTRAR O PRÓXIMO CURSO DE AÇÃO NA VIDA.

---

2. MEEK, Will. *The virtue of quitting*: the art of when and how to quit. Disponível em: <www.psychologytoday.com/blog/notes-self/201404/the-virtue-quitting>. Acesso em: 3 jun. 2017.

Veja o que ele diz: há um mérito enorme em identificar uma situação que não renderá frutos. É preciso ter muita perspicácia para isso e, como ele mesmo afirma, uma boa dose de coragem para interferir em seu rumo. E isso vale para tudo: tanto no que diz respeito aos seus projetos profissionais, como na sua vida pessoal.

Passado o baque da decisão, é preciso se reorganizar para trocar um sonho por outro. Quem já passou por isso sabe que não há mágica. Você precisa se superar todos os dias. Quando não temos opções, nós nos vemos obrigados a acreditar em sonhos maiores. Então, eu fiz a mim mesmo seguinte pergunta: qual é a paixão que me motiva? Para muitas pessoas, essa pode ser uma resposta complicada, porque pouquíssimas vezes colocamos "paixão" e "motivação" na mesma sentença quando queremos falar sobre escolhas profissionais, não é verdade?

Pois bem, eu tinha-me feito essa pergunta, e ela me fez retornar a memórias ainda da infância. Sempre nutri grande paixão por aviões e helicópteros, e, quando eu era pequeno, meu pai viajava muito de Porto Alegre para São Paulo a trabalho. Toda vez que íamos buscá-lo no Aeroporto Internacional Salgado Filho, minha mãe me punha sobre a sacada para apreciar os aviões. Que criança não fica admirada com aquelas máquinas gigantescas se desprendendo do chão e ganhando o céu? Levei comigo aquela sementinha que minha mãe plantou.

No ensino médio, além do sonho futebolístico, um amigo e eu só pensávamos em nos tornar pilotos. Tínhamos uma fixação especial pelo Boeing 747, popularmente conhecido pelo apelido, Jumbo. Aos 24 anos, completei minha primeira hora de voo pilotando – estava a bordo de uma aeronave Cessna 152. Foi uma verdadeira festa, uma explosão de emoções, uma experiência incrível. Parecia que fazia aquilo há anos. Ainda são vívidos todos os procedimentos que, com o coração acelerado, realizei naquele dia. Recordo-me do meu instrutor me questionando onde estava o Norte, onde estava o Leste, e eu sabia tudo! Passei três anos me aprimorando no *Flight Simulator*, simulador de voo. Sentir toda aquela adrenalina mexeu muito comigo. O risco envolvido, a vida por um fio, ter de tomar decisões quando a responsabilidade é grande.

A aviação era o meu grande barato, que tinha ficado de lado enquanto tentava impedir que atacantes adversários marcassem gols contra meu time. Ao "desistir" do meu sonho de ser jogador de futebol, criei um novo. Ter a minha própria empresa, mais precisamente uma escola de aviação, a Morini Air.

Assim como eu treinava duro e me preparava para entrar em campo, recorri ao mesmo expediente para colocar minha empresa em pé. Primeiro, fiz o que hoje faz a maioria daqueles que visam construir uma história no mundo dos negócios: uma pesquisa na internet atrás de cursos e palestras. Se você já digitou a sentença "curso sobre empreendedorismo" em seu buscador, saberá do que estou falando. Há uma infinidade de ofertas. Contudo, minha impressão é de que, no fundo, alguns alunos querem apenas uma foto para postar nas redes sociais.

Preciso fazer outra observação: o "empreendedorismo de palco", um tipo que vem sendo muito difundido com suas palestras e suas teses motivacionais, está matando os empreendedores brasileiros. Esse tipo de "ajuda" só vende ilusões, fazendo as pessoas acreditarem que é possível faturar alto da noite para o dia apenas seguindo cartilhas e teorias. Isso não acontecerá. Só os palestrantes é que verão suas contas bancárias engordarem. E o mais chocante disso tudo é que boa parte deles sequer abriu uma empresa de verdade.

E como conseguem isso? São mestres em elaborar palestras, não há como negar. No fundo, esses "empreendedores sem CNPJ" são grandes animadores de palco. Emulam a voz como bons contadores de histórias. Sabem fazer suspense. Contam piadas. Interagem com a plateia. Eles, na verdade, possuem grande veia artística, são pessoas muito capacitadas para entreter os ouvintes. Você até acha que é fácil colocar a engrenagem para rodar. O problema, muitas vezes (lembrando, é claro, que também há muita gente séria ministrando cursos), é que aquilo que ensinam não necessariamente terá grande aplicação no dia a dia do empreendedor.

Quer um exemplo? Vamos falar de um assunto que é tabu para nós empreendedores: grana. Você pode empreender quanto quiser, mas, sem capital, não vai a lugar nenhum. Mais adiante abordaremos o assunto com mais profundidade, mas, por ora, quero colocá-lo em pauta pelo fato de ser um tema recorrente nessas palestras – infelizmente, porém, não é tratado de maneira séria.

Os empreendedores de palco fazem a plateia acreditar que alguma alma caridosa olhará para sua ideia mirabolante e bancará os seus custos. Negativo! Ninguém faz negócios com gente que não conhece; todos buscam pessoas com que partilham interesses semelhantes ou que estejam no mesmo círculo de convivência. O empreendedor que não tem capital está morto, e essas palestras insistem em dizer que basta você ter uma ideia!

O empreendedor precisa de planos; entre eles, os dois mais importantes são a ideia e a forma de captar o investimento para fazê-la acontecer! É bom você saber que isso não se aprende nas cadeiras escolares, em cursos e palestras. É necessário planejar, é claro, mas, sem encostar a barriga no fogão, ou seja, sem ir para a linha de frente e encarar a dura realidade de abrir um negócio no Brasil, é impossível que sua ideia avance.

Para evitar ciladas típicas de empreendedores de palco, recorro ao colega Bob Wollheim, sócio-diretor da Brands Conversations e coautor do livro *Nasce um empreendedor*. Ele diz que uma das coisas importantes antes de gastar um bom dinheiro nessas palestras é observar se os dados que o palestrante apresenta justificam o sucesso que afirma ter. Outros pontos, segundo ele, são:

→ **Motivação:** a palestra é mais baseada em motivação do que em conteúdo aplicável.

→ **Sucesso:** afirma ter conseguido resultados expressivos, mas não disponibiliza nenhuma informação a respeito.

→ **Tudo eu:** o discurso é concentrado apenas em suas experiências pessoais, em geral exageradas.

→ **Esnobismo:** deixa de lado ferramentas consagradas de gestão, como o modelo de negócios.

Alguns colegas que foram a palestras desse tipo me contaram que o clima lá dentro é realmente empolgante. A velocidade da fala, as pausas e a movimentação no palco deixam tudo bastante atraente. Esses conhecidos me disseram que saíam de lá com a sensação de que poderiam começar o próprio negócio, mas, logo em seguida, caíam na real e viam que não estavam verdadeiramente preparados para assumir um projeto desse tamanho.

A coisa acabava ficando apenas na conversa de bar. Você já deve ter passado por situação semelhante. Um lança na roda de conversa a ideia que teve sobre um negócio sensacional e inovador. Outro afirma ter pensado em algo parecido. Um terceiro conta que precisa de algo que o motive porque não suporta mais o chefe. Fulano complementa dizendo que tem até o ponto ideal. Aquela empolgação deixa todo mundo ainda mais inebriado. A conta chega, cada um segue seu rumo para casa e, no dia seguinte, volta para sua rotina, deixando aquela ideia de lado, aturando os desmandos do diretor, achando difícil começar algo "nesta altura do campeonato", com a carreira já encaminhada.

→→→ MEU NEGÓCIO NÃO DECOLA

A maioria, como podemos perceber com nossos amigos e familiares, ficará apenas na conversa. Alguns vão um pouco além. Farão alguns cursos, acompanharão vídeos no YouTube com dicas para chegar ao sucesso e, em certos casos, até procurarão um especialista para uma mentoria. Ao fim e ao cabo, acharão o negócio arriscado demais. E uma ladainha sem fim se formará como desculpa para recuar: isso demandará muito esforço, não era bem o que eu queria, minha ideia era ter uma renda extra sem precisar ralar tanto, perderei o fim de semana trabalhando, não terei mais férias nem décimo terceiro salário…

Tenho um colega com um bom emprego numa grande companhia nacional. Ele é jovem, está na casa dos 35 anos, é gerente da divisão de projetos e conta com um salário superior à média que o mercado paga para um profissional em nível gerencial. Esse conhecido, a quem chamarei de Ricardo, é bastante valorizado em seu trabalho. Tem o respeito de seus pares, de seus subordinados e de seus chefes. No entanto, não tem mais ânimo para o que faz.

Ele me contou que se sentia incapaz de criar soluções para melhorar seu setor e atuar em novos projetos. O que mais me chamou a atenção nisso é que Ricardo é extremamente criativo. Consegue enxergar muitas oportunidades de negócios. Diria até que ele é um sujeito visionário. Não foi apenas uma vez que vi uma ideia dele, sobre a qual tinha me contado meses antes, fazer sucesso. Certa feita, perguntei por que, com a habilidade que tem para sacar algo novo da cartola, ele não tentava comandar o próprio negócio. Eu me surpreendi com a resposta, pois imaginei que me diria algo na linha do "não dá para trocar a segurança que tenho no que faço por algo desconhecido e com grandes chances de fracasso".

Contudo, o que Ricardo me disse ilustra muito bem como podemos perder oportunidades porque estamos apenas correndo em círculos, atrás de conceitos que nos deixem mais aptos para entrar no tanque com os tubarões. Ele afirmou que não se sentia pronto para fazer sua carreira como empreendedor. "Não tenho conhecimento específico sobre nada. Sou um generalista, com interesses múltiplos, mas não detenho capacidade técnica suficiente para pôr o negócio para andar."

O que Ricardo não percebeu é que ele era uma pedra preciosa, pois tinha algo extremamente valorizado no mundo do empreendedorismo: inovação. Ele sabia que sua ideia poderia mudar um nicho de mercado. Qual empresário não sonha com isso? Quem entra nesse jogo sabe que para sobreviver é preciso se diferenciar. Oferecer algo novo, ser competitivo e deixar um legado.

Então, por que é tão comum essa sensação de estarmos travados, de que sempre falta algo? Muitas vezes é porque não fazemos as perguntas certas para levar um projeto adiante. É comum nos questionarmos se é o momento ideal, se teremos de fazer tudo sozinhos etc. etc. etc. Com certeza, isso põe em dúvida a sua capacidade de tirar os planos do papel.

Na hora de empreender é necessário saber que você precisará, sim, estar atento a todos os detalhes. É raro encontrar um empreendedor de sucesso que não seja obcecado pelo trabalho. Toda ação, por menor que seja, será um passo a mais na direção do seu objetivo, e você terá de se superar todos os dias. Precisará pegar aquela ideia que teve e avançar sobre ela com força total. Se não for boa, mude, mas não perca o ímpeto de continuar tentando. E, se for uma boa ideia, continue com toda energia.

Gosto muito de uma frase de um ídolo com quem tive o prazer de trabalhar, Ozires Silva, engenheiro formado pelo Instituto Tecnológico da Aeronáutica (ITA) e criador da Embraer, empresa que atualmente disputa mercado com gigantes como a Boeing e a Airbus: "Ninguém sobe a escada do sucesso sem muito esforço". Simples assim! Sejamos claros, você não ficará rico e famoso do dia para a noite. Deixe as fotos do Facebook e do Instagram para depois. Você precisa se concentrar em atender bem seus clientes, melhorar seu produto, cuidar do seu fluxo de caixa, entre outras atribuições. Não há atalhos!

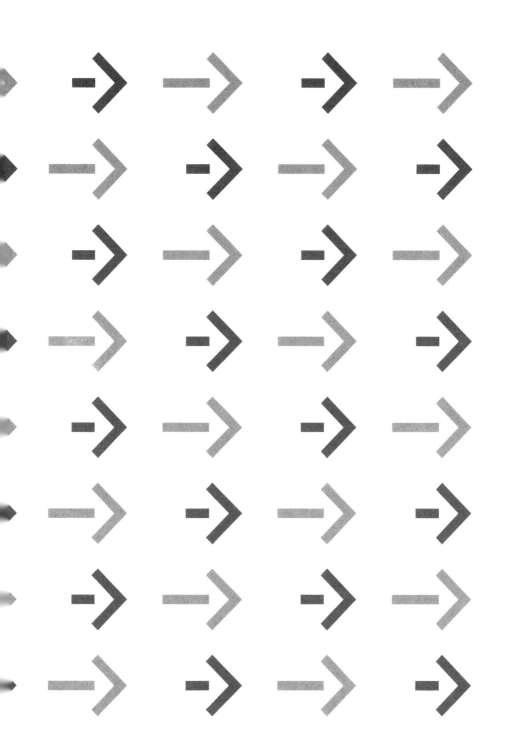

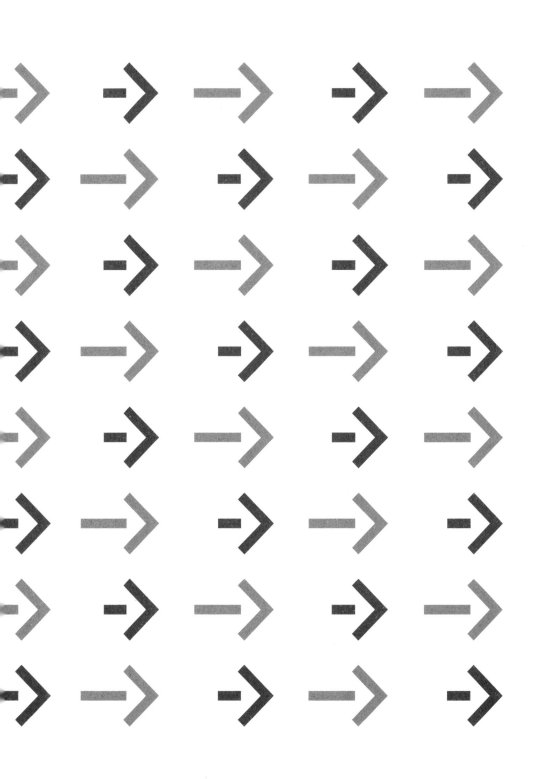

OS ERROS MAIS COMUNS DOS EMPREENDEDORES INICIANTES

Recentemente, um casal de conhecidos decidiu abrir um pequeno negócio. Eles apostaram numa lanchonete. Não é nada glamoroso. É um estabelecimento simples, como eram os comércios desse tipo antes do chamado "raio gourmetizador" que atingiu o ramo e complicou a cozinha. O local não tem firulas. É uma área pequena, com três mesas, um balcão e uma chapa, de onde saem lanches como misto-quente, x-burguer, x-salada e omeletes. Vendem, ainda, vitaminas, açaí com granola, salgados e café puro ou com leite.

Não há um foco definido. Oferecem um pouco de tudo para tentar matar a fome dos mais diversos tipos de cliente. Os dois trabalham pesado. Abrem as portas às 8 horas, mas chegam ao local antes das 7 horas para deixar tudo em ordem. Costumam voltar para casa após as 21 horas. Como podemos ver, a rotina de empresário é "casca-grossa".

Apesar de toda a "ralação", eles estão patinando. As vendas estão fracas, e há dias em que quase não abrem a caixa registradora. Nada mais desanimador para quem colocou uma dose extraordinária de boa vontade e empolgação para fazer o negócio levantar do chão. É uma pena ver que é um voo de galinha. Não têm tido força para subir. No entanto, estão lá, dia após dia, lutando contra as adversidades. Quando olho a força de vontade que têm, acredito que possam prosperar, embora só isso não seja determinante para o sucesso, como sabemos. Quebrar a cara também acontece com quem trabalha muito. Faz parte do jogo. Como disse Rocky Balboa: "Ninguém vai bater tão duro como a vida. Mas não se trata de bater duro, trata-se de quanto você aguenta apanhar e seguir em frente, quanto você é capaz de aguentar e continuar tentando. é assim que se consegue vencer".

→→→ POTENCIAL E REALIZAÇÃO: OS PILARES PARA EMPREENDER

Como empreendedor, que acredita no poder de transformação de uma nação por meio de sua força de trabalho e inovação, fico feliz em perceber um movimento extraordinário de pessoas que buscam tocar os próprios projetos, assim como esse casal. Nos últimos anos, tem sido cada vez mais perceptível o número de brasileiros que desejam empreender. Um levantamento do Instituto Data Popular[3] mostrou que quase um terço da população do país almeja ter a própria empresa.

Alguns dados dessa pesquisa são bastante curiosos. Entre os principais atrativos listados por aqueles que tencionam empreender estão a possibilidade de ganhar mais, o crescimento profissional e a perspectiva de não ter chefe. Posso garantir que nada é mais desestimulante para um funcionário do que um chefe que não sabe comandar, toma decisões erráticas e cria demandas em que os colaboradores não se sentem engajados. Talvez seja por isso que muita gente abandone o barco e dê um cavalo de pau na carreira; mas isso é assunto para outro livro...

Outro levantamento, feito pela Global Entrepreneurship Monitor[4], revelou que, em 2015, a taxa de empreendedores no país chegou a 39,3%. Isso significa que, de cada dez adultos, quatro possuíam uma empresa ou estavam envolvidos com a criação de uma companhia. O índice é o maior dos últimos 14 anos e quase o dobro do registrado em 2002. É um salto gigantesco e está bastante relacionado às dificuldades econômicas pelas quais o Brasil vem passando nos últimos anos.

---

3. VALOR ECONÔMICO. *Cresce número de brasileiros que deseja empreender, diz pesquisa.* Disponível em: <www.valor.com.br/brasil/4105688/cresce-numero-de-brasileiros-que-desejam-empreender-diz-pesquisa>. Acesso em: 3 jun. 2017.

4. GLOBAL ENTREPRENEURSHIP MONITOR. *Empreendedorismo no Brasil.* Disponível em: <www.bibliotecas.sebrae.com.br/chronus/ARQUIVOS_CHRONUS/bds/bds.nsf/4826171de33895ae2aa12cafe998c0a5/$File/7347.pdf>. Acesso em: 3 jun. 2017.

Com o aumento na taxa de desemprego, uma alternativa para encontrar uma fonte de renda é começar o próprio negócio. O achatamento salarial é outro motivo. Mesmo aqueles que estão empregados acabam buscando uma nova fonte de renda. É realmente empolgante ver toda essa disposição para fazer as coisas acontecerem, apesar de um cenário econômico instável.

Dizem os especialistas que os períodos turbulentos acabam sendo determinantes para a inovação. Podemos constatar isso quando olhamos para *startups* de tecnologia no país. A Associação Brasileira de Startups começou em 2011 com apenas 12 empresas iniciantes registradas. Hoje, são mais de 4.200. Em estudo realizado pela Global Startup Ecosystem nas 20 cidades com o maior número de companhias do tipo, o país aparece com São Paulo na 12ª posição, muito atrás do Vale do Silício e Nova York, nos Estados Unidos, mas à frente de municípios de países desenvolvidos, como Sydney (Austrália), Toronto (Canadá) e Amsterdã (Holanda).[5]

Uma outra pesquisa que tratou do comportamento do empreendedor brasileiro também me chamou muito a atenção. Embora aparentemente haja uma grande vontade de obter renda da própria empresa, muita gente não faz a menor ideia de como começar. O Banco Confia, entidade de São Paulo[6] sem fins lucrativos

---

5. *2015 Global Startup Ecosystem Ranking*. Disponível em: <https://startup-ecosystem.compass.co/ser2015>. Acesso em: 3 jun. 2017.

6. MAPA DAS FRANQUIAS. *93% dos jovens universitários querem ter seu próprio negócio*. Disponível em: <www.mapadasfranquias.com.br/noticia/93-dos-jovens-universitarios-querem-ter-seu-proprio-negocio>. Acesso em: 3 jun. 2017.

e que tem um trabalho voltado para o microcrédito, ouviu 304 universitários de instituições públicas e privadas da capital paulista para saber como eles enxergavam a possibilidade de se tornarem empreendedores. Passa de 90% os que desejam abrir um negócio.

Mais uma estatística animadora, não é mesmo? Agora, segure o queixo para um ponto alarmante que consta nesse estudo do Confia: 64% dessas pessoas acreditam que não é preciso estar preparado para começar um negócio, e 89% dizem que o *feeling*, a intuição, é fundamental para saber que direção tomar. Veja bem, estamos falando de jovens universitários. É ou não é chocante? *Feeling* sem preparo, sem avaliação, não os levará a lugar nenhum.

Diante dessa avalanche de números, é completamente natural ver a corrida maluca por diplomas de cursos de empreendedorismo, palestras e *masterminds,* treinamentos exclusivos com um seleto grupo de gurus para uma ajuda personalizada. As pessoas estão perdidas. E, por isso mesmo, ficam cada vez mais suscetíveis às opiniões de pessoas que sequer possuem um CNPJ, como falamos no capítulo anterior.

Um lado perverso disso tudo é que quanto mais você procura soluções nesses "portos seguros" maiores serão os obstáculos para encontrar seu caminho. O bombardeio motivacional é grande, mas são poucos os exemplos factíveis mostrados. Ao sair de um encontro desse tipo, é provável que mil ideias brotem em sua cabeça. O problema é que essa profusão de lampejos pode fazer com que você fique estagnado.

FAÇA SEU NEGÓCIO DECOLAR

Quando olhamos ao nosso redor reconhecemos facilmente que estamos, hoje, vivendo num mundo em que as ideias são extremamente enaltecidas. Ser uma pessoa criativa tornou-se imperativo no mundo dos negócios, e essa habilidade é bastante valorizada, acertadamente, a meu ver. Para o empreendedor, ela pode ser a chave do sucesso, pois ele pode mirar num mercado em que há muita gente atuando e conseguir resultados excelentes – isso, é claro, se apresentar uma proposta inovadora. No entanto, como disse, deve tomar cuidado para não cair em armadilhas e ficar girando em falso, sem conseguir transformar seus pensamentos em ações.

Recordo-me de um grande amigo que fiz nesta rota turbulenta do empreendedorismo. No começo da minha jornada, dividíamos o mesmo escritório em Porto Alegre, e posso dizer que começamos juntos uma nova etapa, tanto na minha vida como na dele. Ele é um sujeito carismático, vendedor, destemido, falante, aguerrido e com uma formação intelectual muito elevada. Não se limita ao mundo dos negócios. Gosta muito de livros, filmes e música. É realmente uma pessoa brilhante. Contudo, ele sofre com um mal que atinge vasta parcela dos empreendedores: a falta de um plano para fazer o negócio andar.

José, como o chamarei para preservar sua identidade, disparava mil palavras por minuto. Fazia todos os cursos possíveis. Se a esposa não o impedisse, passava as noites em claro atrás de informações. Sua sede por conhecimento se mostrava admirável. José acreditava, porém, numa mentira que a maioria dos empreendedores aceita. Denomino-a "Complexo de Cinderela", pois quem é afetado por ela crê na possibilidade de alguém, um dia, entrar na sua vida e mudá-la completamente.

O empreendedor com esses sintomas pensa que um investidor chegará com um cheque rechonchudo para lhe entregar e, em consequência do sucesso futuro, aparecerá numa revista conceituada como modelo de empreendedor. Quem sabe não planeja uma viagem para Maranello, na Itália, para encomendar uma Ferrari?

Se pensa que isso acontecerá com você, atenção: o sinal está amarelo. Reprograme todo o seu conceito de negócio. Neste mundo, você precisa mergulhar de cabeça para, quem sabe um dia, poder dirigir uma Ferrari por dez minutos, quando lhe sobrar tempo. Caso contrário, ficará estacionado na pista de decolagem pensando em como decolar.

Quanto a José, de vez em quando nos encontramos. É sempre uma reunião bacana, até porque ele é um homem de muito valor e conhecimento. No entanto, verdade seja dita, ele ficará preso no campo da especulação enquanto não mudar sua conduta!

Além do "Complexo de Cinderela", há alguns outros obstáculos bem comuns para quem começa a pensar em empreender. Um deles é o pensamento negativo. Ouço muito sobre isso de colegas que me procuram para falar de um conceito de negócios. Às vezes, a ideia é boa, mas logo de saída eles começam a construir barreiras para que ela não se realize. Conversei com uma jovem

FAÇA SEU NEGÓCIO DECOLAR

que estava pensando em criar um *site* de venda de produtos culinários de luxo, basicamente um *marketplace*, espaço virtual, como o Mercado Livre ou a Amazon, em que se anunciam produtos de diversas marcas. Ela comentou que acreditava no potencial do negócio, pois cada vez mais pessoas passaram a se dedicar à gastronomia e querem adquirir itens de qualidade, sobretudo bonitos, para equipar suas cozinhas. "Para alguns, cozinhar é mais do que um ato de dedicação aos outros, é também um fetiche, uma forma de exibir suas habilidades, seus utensílios e de se conectar com outras culturas", ela me disse. O que é a mais pura verdade.

Apesar de sua capacidade de enxergar um novo negócio, ela, como disse, começou a construir algumas barreiras mentais para atravancar a decolagem. A primeira delas diz respeito ao tempo. Ela me contou que precisa preparar o *site* enquanto ainda está empregada. Não deseja, acertadamente, ter de sair para começar algo novo. Isso, porém, segundo ela, encurta suas horas disponíveis para mergulhar de cabeça no próprio plano, e ela acredita estar procrastinando. Disse a ela que tempo é uma questão de proposição. Ou seja, se realmente acredita que aquilo merece sua atenção, encontre espaço em sua agenda para se dedicar. Não importa que sejam apenas poucas horas por semana; o ideal é que haja qualidade. Talvez o caminhar seja mais lento, mas é melhor isso do que ver o bonde passar e perder sua chance.

Outro empecilho que ela mesma se colocou foi a questão de como montar o *site*. Ela queria fazer a página digital com as próprias mãos e, assim, evitar um gasto inicial para contratar um profissional especializado. Ao mesmo tempo, ela sabe que isso seria mais uma atividade torturante e pouco produtiva. Sem dominar as técnicas necessárias, ela gastaria muitas horas na confecção do *site*, fazendo com que atrasasse passos mais importantes para começar a operar a pleno vapor. Parecia que ela estava se autossabotando.

Ao pensar em fazer o *site* sozinha, ela notou que esbarraria em outra dificuldade: não teria tempo para se dedicar a prospectar possíveis parceiros e clientes. Claramente, ela estava rodando em círculos. Se você já pensou em empreender antes, sabe muito bem como essas coisas costumam acontecer com frequência.

O mais impressionante é que isso não acontece apenas com quem está para começar um negócio. Conheço empresas consolidadas que perderam oportunidades ou tiveram prejuízos devido ao excesso de ideias. Enquanto pensavam, o bonde passou e alguém foi lá e fez. Em muitos casos, o que era debatido tinha bastante qualidade, porém não havia nenhum planejamento para aplicar o conteúdo e obter os retornos esperados. Ou seja, não conquistaram mais clientes; não ganharam mais visibilidade; não reduziram custos; não aumentaram o faturamento. Ficaram ancorados pela criatividade não funcional.

Sei quão complicado é ponderar entre o que é aplicável e o que é um devaneio, especialmente no começo de sua jornada como empreendedor. Quando comecei na aviação, antes de montar

FAÇA SEU NEGÓCIO DECOLAR

a escola de pilotos, atuava comprando e arrendando aeronaves. Realizei diversos trabalhos, entre eles arrendei aviões para uma escola de voo. Quando fechamos o contrato parecia ser um grande negócio. O pagador também parecia um sujeito responsável.

Observe os detalhes dessa operação. No final do acerto, ganharia três vezes o valor que havia pago na aeronave. Era algo realmente maravilhoso. Ver o avião chegar do Canadá foi uma felicidade incrível, mas o que me deixava bastante animado era saber que já estava recebendo os valores do contrato. Ressalto que foi uma opção do cliente, e eu, evidentemente, aceitei. Os primeiros catorze meses da parceria foram só alegrias, mas o restante dos trinta meses se tornaram um pesadelo. Aliás, mais do que isso. O contratante descontinuou os pagamentos, e eu ainda tive de recolher o equipamento judicialmente.

Talvez você esteja pensando: "Puxa, que pena, Fabricio, seu prejuízo deve ter sido enorme". De fato, foi; mas tirei uma lição importante dessa situação. Percebi que *eu* havia sido o "errado" nessa história. Somente eu. Hoje avalio como aquilo não poderia dar certo. Foi até longe demais, porque tudo beneficiava somente a mim. O proprietário da escola de aviação também teve sua parcela de culpa, pois quis fazer o negócio daquela forma, mas a realidade é que não se pode matar a vaca para acabar com o carrapato. Eu estava ganhando muito e ele, praticamente nada. Como sabemos, e é o óbvio ululante: uma empresa não se sustenta se não ganhar nada.

Vejo diariamente empreendedores nessa situação, vivendo de utopia no mundo dos negócios. Essas utopias aparecem das mais variadas maneiras, de eventos milionários só para agradar aos clientes a pessoas se sacrificando dentro de um banco para poder manter um empreendimento sobre o qual sequer fizeram algum tipo de investigação, estudo e pesquisa.

Não se pode negligenciar, em nenhum momento, os deveres e as responsabilidades. Sabemos bem que, no fundo, o empreendedor que deu certo é o empresário. São pessoas que deixaram o mito da ideia, botaram o coração de lado e agiram com a razão. De qualquer forma, quero reiterar que não se trata de parar de sonhar. Aliás, isso nem é possível. O que quero é alertá-lo que é imprescindível trabalhar com afinco e obstinação nas propostas com melhor potencial de se desenvolver. As demais, anote-as para que um dia você possa voltar a elas. Quem sabe, quando revisitá-las, elas estejam maduras e tenham se tornado joias reluzentes.

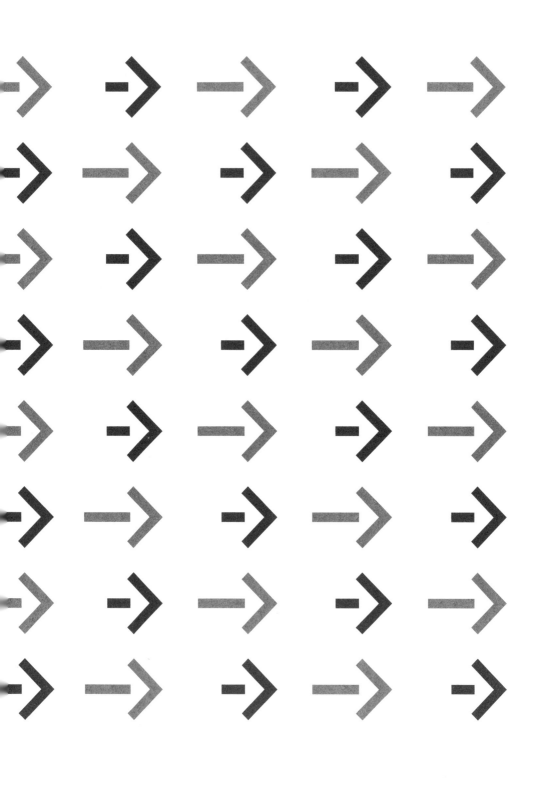

AUMENTE SEU FOCO

Nascido na Babilônia no ano 110 a.C., Hillel é considerado o grande rabino judeu. Reverenciado como líder espiritual pela comunidade judaica, o Ancião, como se tornou conhecido, acabou levando o rei Herodes a aceitá-lo como autoridade religiosa.

Hillel é descrito pelos especialistas como o mais tolerante dos sábios rabínicos. Detinha ainda enorme capacidade de falar a língua do povo, sem rodeios linguísticos que dificultavam a compreensão. Em suas mensagens, trazia lições de ética e humanismo.

Ele foi o primeiro dos autores da Mishná (espécie de Torá oral) a afirmar que o judaísmo tinha o objetivo de implantar o cumprimento dos deveres de cada indivíduo em relação ao seu próximo. Dali surgiu uma de suas frases mais famosas: "Não faz aos outros o que não queres que façam a ti". A sentença é tão conhecida que extrapolou o universo judaico. Qual pai ou mãe, para educar seus filhos, não a proferiu?

Outra citação do rabino bastante lembrada consegue ser um elixir de motivação, especialmente para os empreendedores: "Se eu não for por mim, quem o será? Se eu for só por mim, quem sou eu? Se não for agora, quando?". É de uma simplicidade incrível, mas toca profundamente aquele que a ouve.

Você já se fez essas perguntas? Reflita a respeito delas por um minuto, então pegue um papel e anote suas respostas. Perceba como é difícil respondê-las com sinceridade. Entretanto, as questões concentram uma força propulsora. Elas lhe empurram para aquilo que você deseja. Funcionam como um combustível de alta octanagem para o seu carro. Fazem com que você pare apenas de pensar e sonhar, para efetivamente partir para a ação.

→→→ COMO NASCE O EMPREENDEDOR?

Um estudo recente, realizado pelo Barclays Bank, da Inglaterra, em parceria com o Centro de Psicometria da Universidade de Cambridge[7], uma das mais renomadas instituições de educação superior do mundo, mapeou o perfil psicológico do empreendedor e como ele tira o projeto do papel. O levantamento ouviu

---

7. BARCLAYS. *The psychology of entrepreneurship*. Disponível em: <www.home.barclays/content/dam/barclayspublic/images/news-newsite/2015/06/Barclays%20report%2020150616v1-final.pdf>. Acesso em: 3 jun. 2017.

e analisou mais de 2 mil pessoas, entre empresários e empregados, na Alemanha, em Cingapura, no Reino Unido e nos Estados Unidos.

Eles decidiram investigar a mente dos empreendedores por acreditar que esses empresários são colaboradores cada vez mais importantes no desenvolvimento econômico e no progresso social. Estão aí mais dois bons motivos para você começar seu negócio.

Bem, os pesquisadores perceberam que, na maioria das vezes, a imagem do empreendedor não é retratada com fidelidade. Há muito "achismo" e pouco rigor científico. Segundo os autores do levantamento, os empreendedores não podem ser tratados como um grupo homogêneo e, por isso, tornou-se relevante compreender as diferenças individuais no comportamento empresarial. E eles encontraram muitas delas e separaram os empreendedores em dois grandes grupos (A e B).

No grupo A, os empreendedores são definidos como artísticos, organizados, altamente competitivos, emocionalmente estáveis, nem extrovertidos nem introvertidos. É um perfil observado em posições de liderança. Já o empreendedor do tipo B é mais tradicional ou conservador, emocional, espontâneo e mais focado no trabalho em equipe.

O cotejamento realizado pelos estudiosos mostrou bem as diferenças dos empreendedores, no entanto, também conseguiu identificar os aspectos que mais distinguem os empreendedores daqueles que trabalham como funcionários numa companhia.

São eles:

→ Necessidade de autonomia.

→ Autoeficácia.

→ Motivação para realizar.

Observo que esses três pontos estão ligados aos questionamentos elaborados pelo rabino Hillel. Aqueles que conseguiram chegar a uma resposta e que se sentiram impelidos a pôr o time em campo claramente possuem esses atributos. Como disse David Stillweel, vice-diretor do Centro de Psicometria da Universidade de Cambridge: "Algumas pessoas querem ser empreendedoras; outras precisam ser empreendedoras.".

Aliás, uma questão antiga é se as pessoas nascem ou se tornam empreendedoras. Em 1993, Scott Shane, professor de estudos empresariais na Universidade Case Western Reserve, em Cleveland, publicou um livro que causou certo rebuliço no mundo dos negócios. Em *Born entrepreneurs, born leaders* (*Nascido empreendedor, nascido líder*, em tradução livre), Shane sugere que os genes influenciam se uma pessoa abrirá ou não um negócio. E diz mais: "Eles [os genes] podem até determinar quanto dinheiro uma pessoa ganhará.". As afirmações de Shane caíram como uma bomba. E é fácil entender o motivo de tanto falatório.

Os norte-americanos são criados com a ideia de que, com educação e foco, eles podem ser qualquer coisa que escolherem. Portanto, os apontamentos feitos pelo professor de Cleveland colocaram em xeque a educação empresarial, baseada na proposta de que qualquer pessoa pode iniciar uma empresa. No cerne dessa discussão está a velha polêmica de talento *versus* dedicação.

Em seu *best-seller Fora de série – Outliers*[8], o jornalista canadense Malcolm Gladwell bolou a teoria das 10 mil horas, segundo a qual, para atingir um nível de excelência em determinada atividade, é preciso ter praticado por 10 mil horas, algo em torno de três horas por dia durante dez anos. Para ele, a lógica para obter sucesso está na dedicação, mas também nas oportunidades de que os gênios desfrutaram durante a vida, como heranças culturais, incentivo familiar, círculo de amizades e até mesmo a época em que nasceram.

Malcolm não ignora o talento, mas afirma que sozinho ele pode não levar a lugar nenhum. O autor ilustra um dos capítulos de sua obra com a história de Chris Langan, um fenômeno com Q. I. de 195 – o de Albert Einstein, por exemplo, era de 150. Chris falou aos 6 meses de idade, aprendeu a ler sozinho aos 3 anos e, aos 5, já fazia questionamentos complexos sobre a existência de Deus. Aprendia idiomas com facilidade, devorava conteúdos de Física, Matemática e Filosofia. Chris teria, em tese, toda a chance de ser uma pessoa bem-sucedida. Sua tragédia pessoal começou ao entrar na universidade.

---

8. Publicado pela editora Sextante, em 2011.

Por descuido da mãe, que não soube preencher o formulário de pedido de ajuda financeira, Chris acabou perdendo a bolsa de estudo no Reed College, no estado de Oregon. Embora fosse brilhante, acabou indo trabalhar na construção civil e, mais tarde, fixou-se como segurança num bar em Long Island. Sua inteligência excessiva e seus inúmeros talentos não foram suficientes para que Chris se tornasse notável ou bem-sucedido.

Na convivência com colegas empreendedores, percebo que muitos possuem um faro incrível para negócios. Embora tenham essa qualidade, nem todos serão grandes empreendedores. Uns porque preferem correr menos riscos; outros porque acreditam que não precisam crescer muito para ter uma vida confortável. Cada um tem seus motivos, e é importante reconhecer e respeitar os limites.

Em contrapartida, há aqueles cujo histórico joga a favor e, ainda, contam com a vantagem extra de terem a "veia empreendedora", como denominamos os que têm muita vontade de fazer negócios, de prosperar e até de se arriscar.

Conheci, certa vez, num congresso para empreendedores, um senhor de 60 anos com um incrível talento para descobrir boas oportunidades. Ele é um sujeito bastante simples, embora, acredito, tenha uma conta bancária vistosa. Vestindo roupas bem informais, como calça jeans, camisa de manga curta e sapatos marrons, ele costumava dizer no encontro que o "mais difícil era fazer o 'primeiro milhão'". O resto, segundo ele, vinha mais facilmente. Roberto, como vou chamá-lo, nasceu empreendedor. Filho de um motorista de ônibus e de uma costureira, era o filho do meio de uma família com mais duas filhas.

Desde cedo, queria ganhar o próprio dinheiro. Espelhava-se na mãe que, embora trabalhasse numa confecção, fazia roupas para as vizinhas e, assim, incrementava a renda familiar. Roberto, então, aproveitava os dias de feira para vender doces que comprava num armazém perto de casa. Aprendeu ainda na tenra idade a estimar o preço final de um produto para que pudesse repor o estoque e tivesse, é claro, algum lucro.

Aos 18 anos, Roberto quebrou a cara pela primeira vez. Com o dinheiro que tinha juntado, havia comprado uma caminhonete velha. Ele decidiu, então, fazer um acordo com o dono de um pequeno bar próximo à sua casa, em Santo André, cidade vizinha a São Paulo. Ele ofereceu o veículo em troca do estabelecimento, acreditando que poderia fazer alguns ajustes e começar a ganhar dinheiro. Não demorou muito e Roberto percebeu que ali ele não conseguiria dar os passos que pretendia. Antes que quebrasse, fez uma nova negociação. Deu o bar e pegou uma barraca de secos e molhados na feira. A partir daí, ele começou a experimentar os louros de seu trabalho. Faturava bem, comprou um pequeno ponto numa avenida movimentada da cidade e prosperou. Hoje, possui dezenas de negócios na região, além de uma fazenda que abastece seus minimercados. Também fatura um bom dinheiro com aluguel de imóveis, investimento que começou a fazer conforme os negócios davam resultados.

FAÇA SEU NEGÓCIO DECOLAR

Um detalhe da história dele me chama a atenção. Roberto acorda todos os dias às 5 horas da manhã para receber a mercadoria de sua loja principal. E faz isso também aos domingos. Sua realização é ver seu empreendimento funcionando plenamente e entregando produtos de qualidade aos clientes. O dinheiro, diz, é consequência do trabalho.

A história dele é exemplar quando pensamos em pessoas que nasceram com o espírito empreendedor. Pôs a mão na massa, levou tombos, contou com o incentivo da família e não desistiu de seu objetivo. Roberto me contou ainda que nos primeiros negócios ele não tinha a menor ideia do que era planejamento. Na verdade, ele gosta de dizer que seu método estava mais para "fazejamento". No entanto, isso nem sempre deu certo, e ele passou a adotar uma conduta mais cautelosa quando decidia partir para uma nova empreitada. Percebeu que era necessário ter uma boa estratégia para começar a fazer a roda a girar. Não dá para simplesmente sair atropelando o planejamento.

Na época em que Roberto começou seus negócios, havia até mais espaço para errar. Hoje, não. A velocidade com que tudo se move atualmente é maior. Por isso mesmo é necessário que você tenha em mente que o pensar e o caminhar devem estar sempre de mãos dadas.

É verdade também que, naquela época, havia bem menos distrações. Às vezes, é preciso "chover no molhado" para que percebamos como algumas atitudes do dia a dia nos tiram o foco.

Quero passar um exercício para que você comece a aumentar o poder de concentração em seu projeto.

SILENCIE O AMBIENTE

A ideia não é que você trabalhe num monastério, onde não haja nenhum ruído, mas que tente reduzir ao máximo o barulho ao seu redor. Alertas do celular, por exemplo, têm alta capacidade de nos desconcentrar. Ao checar uma mensagem, é comum ir além e passar a navegar pela internet, entrar nas redes sociais ou responder a um e-mail que não era urgente. E trabalhar com a TV ligada, assistindo àquele jogo do Barcelona? Não será nada produtivo, não é mesmo? É realmente difícil o trabalho concorrer com as jogadas de Lionel Messi. Já ouvir música pode ser bom para algumas pessoas. Não funciona para mim, mas se não o atrapalha (ou até o ajuda), vá em frente.

CONSTRUA UMA ROTINA DE PRODUÇÃO

Trabalhar em seu projeto precisa se tornar um hábito. Para isso, ele deve entrar em sua rotina diária. Não adianta debruçar-se sobre ele de vez em quando. Tente estabelecer sempre a mesma hora do dia para se dedicar a ele. Lembre-se, é como uma rotina de exercícios físicos: no começo é difícil continuar nela, no entanto, depois, você passa a sentir seus benefícios. Nesse caso, o efeito benéfico será ver seu projeto avançar.

FAÇA SEU NEGÓCIO DECOLAR

CRIE UM MÉTODO

Sabemos como estabelecer procedimentos facilita os métodos de produção. Isso acontece tanto em grande escala (como numa indústria automobilística), quanto em pequena (como na cozinha de sua casa, em que é preciso separar ingredientes e utensílios antes de iniciar o preparo da refeição). Ao sentar-se para trabalhar, é importante que você tenha um método. No meu caso, preciso de um bom chimarrão – como seria diferente? –, um caderno para anotações e meu computador. Primeiro, olho minha caixa de e-mails e vejo se há algo importante para responder. Tento resolver essas questões em quinze minutos, no máximo. Depois, pego minha lista de afazeres e sigo das tarefas mais difíceis para as mais fáceis. Executo as mais difíceis antes porque estou com os níveis de energia lá em cima, então, acredito que consigo resolvê-las de forma mais eficiente. Finalizo sempre buscando na internet alguma informação ou artigo útil para o meu trabalho ou para alguma preocupação que tive durante o dia. Por exemplo, se pensei em como melhorar a *performance* dos meus gestores, vou atrás de artigos sobre o tema e anoto as ideias.

DEFINA UM TEMPO

Eu diria que é quase impossível manter-se focado por muitas horas seguidas. Quem diz que o faz sabe que não é bem assim. Acredito que seja mais produtivo estabelecer um período para se concentrar em seu plano. Vá aumentando aos poucos. Inicie com quinze minutos de trabalho 100% focado, por exemplo. Se achar que vale a pena, cronometre. Em pouco tempo seu poder de concentração vai subindo e, quando notar, conseguirá trabalhar por uma hora em seu projeto sem se distrair. Você se surpreenderá com o que é possível fazer nesse intervalo quando ele é bem utilizado.

Vá para a rua

Ficar trancado no escritório não será tão produtivo quanto você imagina. Se estiver com dificuldade de encontrar uma solução para um problema, é provável que tomar um ar ajude-o muito. Uma breve caminhada ou uma pausa no banco de uma praça podem ser realmente úteis. No entanto, para que esse intervalo tenha algum efeito prático, tente não levar o celular. No lugar dele, carregue seu caderno de anotações. Assim você não corre o risco de ver escapar uma boa ideia.

À primeira vista, esses exercícios parecem simples de ser executados. Você perceberá, contudo, que surgirão algumas dificuldades quando estiver treinando. Será necessário se policiar para evitar a distração. O psicólogo e jornalista norte-americano Daniel Goleman, autor dos livros *Foco* e *Inteligência emocional*, costuma dizer que a atenção é um músculo mental. "É como ir à academia. Se você levanta pesos, está fortalecendo os músculos. A atenção pode ser fortalecida da mesma maneira", conta ele.

— — — — — — — — — — — — — —

"DORMIR BEM AJUDA NA CONCENTRAÇÃO. MAS O MELHOR EXERCÍCIO É CRIAR UM PERÍODO EM QUE AS INTERRUPÇÕES SEJAM PROIBIDAS. ISSO SIGNIFICA NÃO TER REUNIÕES, NÃO RECEBER LIGAÇÕES, NÃO VER E-MAILS E MENSAGENS NO CELULAR. PODE SER ATÉ POR DEZ MINUTOS, MAS PRECISAMOS TER MOMENTOS, NO TRABALHO E NA VIDA, PARA PENSAR. SEM CONCENTRAÇÃO, PERDEMOS O CONTROLE DE NOSSOS PENSAMENTOS."[9]

— — — — — — — — — — — — — —

Goleman diz ainda que, para combater o empobrecimento da atenção, precisamos de autocontrole. O autocontrole, por sua vez, exige foco. Ainda segundo ele, há três tipos de foco: o foco em si mesmo, o foco nos outros e o foco no mundo. Quero me limitar aqui apenas ao primeiro deles, pois é o que ativamos nos

---

9. ROSSI, Lucas. Criamos uma geração sem foco, diz Daniel Goleman. Revista *Exame*. Disponível em: <http://exame.abril.com.br/revista-exame/nao-temos-tempo-para-refletir/>. Acesso em: 3 jun. 2017.

exercícios que passei anteriormente. O pesquisador afirma que o foco em si é a capacidade de você olhar para o seu interior. "É o momento de nos conectarmos com nossas aspirações e nossos propósitos", diz ele.[10]

---

10. OSHIMA, Flávia Yuri. Daniel Goleman: "Temos de ensinar nossas crianças a ter empatia pelos outros e pelo mundo". Revista *Época*. Disponível em: <epoca.globo.com/ideias/noticia/2016/03/daniel-goleman-temos-de-ensinar-nossas-criancas-ter-empatia-pelos-outros-e-pelo-mundo.html>. Acesso em: 3 jun. 2017.

AÇÃO!

magino que neste ponto você já tenha identificado alguns erros que pode ter cometido durante o processo para empreender. Ou, se for o caso, já sabe quais obstáculos terá de driblar para fazer seu negócio decolar. O lendário Phil Jackson, ex-jogador e treinador de basquete aposentado, é o maior campeão da NBA, com treze títulos, onze deles como técnico e dois como atleta. Seu currículo, evidentemente, não está baseado apenas nos números.

Phil Jackson comandou duas das maiores equipes da liga norte-americana: o Chicago Bulls e o Los Angeles Lakers. Como líder do Bulls, Phil precisava domar egos e motivar jogadores como Scottie Pippen, Dennis Rodman e Michael Jordan, astros que fizeram história no basquete mundial nos anos 1990. No Lakers, sua tarefa não era menos árdua. Ele era o guia dos brilhantes Shaquille O'Neal e Kobe Bryant. Phil também é autor de um livro sensacional. Em *Onze anéis: a alma do sucesso*[11], ele conta sua trajetória como um dos gestores mais inventivos da história do esporte e dá dicas valiosas para extrair o melhor de seus jogadores e engajá-los numa ação.

Em sua obra literária, Phil enumera onze princípios que o ajudaram em sua tão vistosa e vitoriosa carreira. Entre tantos exemplos citados por ele que podem ser referências importantes para um empreendedor, destaco aquele no qual o treinador fala sobre a necessidade de tornar uma atividade tão corriqueira, como jogar basquete, em algo sagrado: "Queria dar aos meus jogadores algo além do resultado para eles se concentrarem. Por isso, muitas vezes criamos rituais próprios para tornar a prática de jogar basquete algo sagrado.". Então, se você quer pôr sua ideia para funcionar, é isso que terá de fazer. Torná-la sagrada. Não abrir mão dela por nada.

→→→ HÁBITOS PARA AGIR MAIS

Quando comecei minha transição dos gramados para o mundo dos negócios, criei três hábitos que me ajudaram a me manter constantemente focado na ação.

---

11. Publicado pela editora Rocco, em 2014.

Tenha sua meta como prioridade

Nosso dia a dia é corrido, com um mar de atribuições, portanto, é importante estabelecer qual a importância da sua meta nesse caldeirão. Quando decidi abrir a Morini Air, minha escola de aviação, coloquei algumas coisas de minha rotina em segundo plano para ficar mais concentrado no meu negócio. A parte mais difícil foi recusar algumas boas ofertas de trabalho, uma vez que tinha permissão para voar e poderia atuar como piloto comercial. Criei uma lista de afazeres que deveria cumprir a cada semana, anotava as reuniões de que deveria participar, visitava possíveis fornecedores, destinava algumas horas para pesquisar a concorrência e também mergulhava na papelada para conseguir a homologação da escola perante as autoridades competentes, no caso, a Agência Nacional de Aviação Civil.

Esse trabalho, acredite, vai lhe tomar muito tempo. Haverá alguns sacrifícios, como passar o fim de semana trabalhando e perder algum feriado prolongado. Faz parte. O que não faz parte é corpo mole, esperar as coisas acontecerem por você.

Evite a distração com outros sonhos

Quando você está nessa transição, às vezes, é natural brotarem mil ideias de projetos paralelos. Esse é um caso clássico e afeta principalmente aquelas pessoas que possuem habilidades variadas ou que querem transformar o *hobby* em algo profissional; mas aí têm três passatempos: gostam de cozinhar, de trabalhar com madeira e fazer esportes. Ficam perdidas entre vender comida, investir numa marcenaria ou abrir uma academia. Se há dúvidas sobre qual a melhor opção, pesquise, estude o mercado, converse com quem é da área. Contudo, não perca muito tempo nessas atividades preliminares. Depois da análise, é a hora de evitar pensar em outra coisa.

A distração atrapalha até um empresário que já está atuando. Um industrial amigo da minha família disse, certa vez, que perdeu uma boa quantia em dinheiro quando decidiu, com os primeiros rendimentos de sua empresa, apostar num ramo que desconhecia. Ele passou a investir na criação de ovelhas. Com o tempo, percebeu que estava tirando dinheiro da empresa para cobrir os gastos da ovinocultura. O pior de tudo é que as duas empreitadas estavam ficando mal das pernas. Ele se desfez dos animais, vendeu a fazenda e recuperou o fôlego de sua companhia. É bem provável que, se esperasse um pouco mais de tempo para diversificar suas apostas antes de investir no desconhecido, ele tivesse se saído bem.

Pare de dizer "faço isso depois"

É fato, você esquecerá, atrasará e acabará fazendo malfeito. Tire as coisas da frente assim que a demanda chegar. Se você precisa reunir papéis e documentos importantes para dar seguimento à sua empresa, faça isso de uma vez. Se precisa criar uma lista de fornecedores, divididos por região e especialidade, faça-a. É árduo e trabalhoso, porém, quando bem-executado, vai lhe poupar um tempo enorme. Tenho um pensamento que sempre me ajuda: "Todo dia é segunda-feira.". Não deixe para começar depois, vá com fome ao seu objetivo.

Desses três hábitos que descrevi aqui, o terceiro é o mais perigoso. A procrastinação é o maior inimigo do homem, disso tenho certeza. É tentador passar horas navegando na internet vendo conteúdos que vão apenas lhe roubar o tempo. As redes sociais são ótimas aliadas, mas também acabam sendo grandes vilãs se não forem utilizadas de maneira inteligente. Steve Tobak, ex-executivo de empresas de tecnologia e colunista da *Fortune magazine* e da Fox News e autor do livro *Real leaders don't follow: being extraordinary in the age of the entrepreneur* (*Líderes de verdade não seguem: como ser extraordinário na era do empreendedor*, em tradução livre), escreveu um artigo bastante interessante sobre como esses *sites* viciam as pessoas e atrapalham a produtividade.[12]

Ele explica em detalhes como o cérebro, por meio do sistema límbico, que controla nossas funções básicas, não diferencia a interação presencial daquela feita *on-line*. Ou seja, como a interação social é uma das mais primitivas necessidades humanas e o sistema límbico não consegue fazer essa distinção, acabamos jogando muitas horas fora, presos às redes sociais. Basicamente porque es-

---

12. TOBAK, Steve. *A day in the life of a social media addict*. Disponível em: <stevetobak.com/2016/08/02/day-in-the-life-social-media-addict/>. Acesso em: 3 jun. 2017.

FAÇA SEU NEGÓCIO DECOLAR

sas páginas na internet estão, a todo instante, abastecendo nosso cérebro com uma das mais elementares das necessidades dos seres humanos. A grande ironia disso tudo é que, quanto mais tempo ficamos on-line menos tempo passamos com pessoas de verdade, no mundo real. Quanto mais isolados, menos socializamos e menos chances temos de fazer negócios.

Há outro ladrão de tempo que corrói a capacidade de ação e de produtividade das pessoas, sejam elas empreendedoras, funcionárias de empresas, trabalhadoras domésticas, sejam donas de casa: a TV. Um levantamento realizado em 2015 pela Kantar Ibope Media revelou um dado que considero muito alarmante:[13] em média, os televisores no país ficam ligados seis horas diárias. Seis horas! É um desperdício e tanto.

É claro que não sou nenhum radical. Acho que todo mundo gosta de ver seus programas preferidos. Entretanto, muitas vezes, só estamos parados em frente à telinha, abduzidos. Agora, você quer saber uma verdade que faz muito sentido no mundo dos negócios? Grandes líderes não perdem tempo com TV e mídias sociais.

A jornalista e empreendedora britânica Josephine Fairley, colunista de negócios no prestigioso jornal *The Telegraph*, afirmou num

---

13. TOMAZINI, Milena. Brasileiros passaram mais horas assistindo tevê aberta em 2015. *Gazeta do Povo*. Disponível em: <abert.org.br/web/index.php/clippingmenu/item/24784-brasileiros-passaram-mais-horas-assistindo-teve-aberta-em-2015>. Acesso em: 3 jun. 2017.

artigo que jamais entrevistou um executivo que assistisse à TV.[14] "A maioria das pessoas muito bem-sucedidas que eu entrevistei ao longo dos meus anos como jornalista simplesmente não assistia à TV. Às vezes, acompanhavam o noticiário e, raramente, alguma série (a minha, por alguns anos foi *Desperate housewives*). Aí, quando as pessoas me perguntam como faço tudo o que faço, respondo honestamente: eu não assisto à TV. Numa estimativa conservadora, isso me dá 21 horas a mais na minha vida toda semana."

Portanto, para agir é preciso parar de procrastinar. Os três mantras anteriormente abordados vão ajudá-lo a se manter focado na sua caminhada. Para realizá-la, no entanto, é preciso… caminhar.

→→→ MENTE ABERTA

Com o passar dos anos, desenvolvi uma habilidade que sempre quis: ouvir mais, muito mais, e falar menos, bem menos. Como diz o velho ditado, temos duas orelhas e uma boca. Faz sentido. Avancei muito nesse ponto, mas sei que ainda é possível aprimorá-lo. Percebi na prática que essa dinâmica me ajudou a tomar decisões melhores e, principalmente, a agir com mais eficácia.

Quem me conhece há muito tempo notou essa diferença. Um amigo que não me via há algum tempo, quando me encontrou

---

14. FAIRLEY, Josephine. All the successful people I know don't watch TV – Netflix obviously didn't get the memo. *The Telegraph*. Disponível em: <telegraph.co.uk/women/womens-business/10198191/Netflix-All-the-successful-people-I-know-dont-watch-TV-Netflix-obviously-didnt-get-the-memo.html>. Acesso em: 3 jun. 2017.

FAÇA SEU NEGÓCIO DECOLAR

numa reunião de amigos, perguntou-me: "O que está acontecendo, Fabricio, você está muito quieto?". Disse a ele que estava fazendo um esforço enorme para não interrompê-lo, para que continuasse com sua ideia até o fim.

Como empreendedor, será comum que seus colaboradores o procurem para expor algum problema, pedir orientação ou passar um retorno sobre um pedido que você havia feito. Sua forma de agir com eles pode, acredite, interferir nos resultados. Percebo que alguns funcionários são ótimos especialistas e "solucionadores de problemas", mas possuem dificuldades em concatenar as frases de maneira assertiva. Em nosso mundo corrido, estamos cada vez mais intolerantes; mal damos tempo para que alguém se expresse e já vamos logo cortando. Evitar que isso ocorra é possível, porém, você terá de ser vigilante e se controlar quando tiver vontade de cortar a fala de alguém. No outro lado da moeda, é importante também desenvolver sua capacidade de articulação de ideias, de concatenar as frases de forma assertiva e com clareza.

Tenho um exemplo sobre como é preciso ouvir bem antes de ir para a ação. Escutar com atenção e ponderar, refletir, mesmo que rapidamente, para não cometer erros que levem a prejuízos ou, em alguns casos, a cometer injustiças.

Certa vez, um funcionário me procurou para falar sobre um problema com um de nossos fornecedores da escola de aviação. Alguns produtos iam atrasar, o que comprometeria as aulas. Não era a primeira vez que tínhamos dificuldades com aquele parceiro comercial. Fiquei irritado e nem mesmo deixei meu funcionário terminar de falar. Passei a mão no telefone e liguei para o fornecedor. Disse que romperia o contrato com ele, pois os serviços não estavam sendo entregues da maneira que havíamos combinado. Não o deixei falar. Soltei os cachorros em cima dele. Quando desliguei, veio aquele alerta: muito bem, agora o que você vai fazer? Como vai conseguir os produtos em tempo?

O que eu não sabia, porque não havia deixado nem o fornecedor nem meu funcionário me contar, era que os produtos estavam em falta no país. Veja bem a minha situação: precisaria cancelar aulas, perdi um fornecedor que tinha bons preços e não teria como encontrar uma solução em curto prazo. Ou seja, uma ação impensada acarretou um prejuízo do qual levei certo tempo para me recuperar. Foi uma lição e tanto que aprendi em poucas horas. Agir é importante, mas saber como agir é ainda mais.

Algum tempo depois, quando comecei a praticar mais a habilidade de ouvir com atenção, surgiu a oportunidade de um novo negócio: comprar uma fábrica de autopeças que estava quebrando. Via ali uma grande oportunidade de entrar num setor que, com inovação, pode ser bastante lucrativo. Foram algumas rodadas de negociação. Durante as reuniões, ouvia com o máximo de atenção possível para tentar perceber algumas sutilezas. Em uma discussão desse porte há muita gente envolvida, e é preciso avaliar com calma e seriedade a possibilidade de um grande investimento. Meu ímpeto inicial era de que aquele era um bom

FAÇA SEU NEGÓCIO DECOLAR

negócio, mas analisei tanto e conversei com algumas pessoas a respeito que, no fim das contas, decidi não entrar na empreitada. Não que o negócio fosse ruim, mas ele foi ficando pouco atraente para mim.

Não vejo isso, de forma nenhuma, como uma oportunidade perdida. Penso mais que aquele momento não era a hora de agir. Foi mais seguro para mim e para minha família ter evitado o desgaste de entrar numa operação que exigiria muitos sacrifícios, financeiros, profissionais e pessoais.

→→→ DELÍRIO COLETIVO

O grande passo a ser dado na vida de um empreendedor é deixar o sonho de lado e ir ao trabalho, pois apenas quando colocamos a mão na massa as coisas são realizadas. Como disse antes, o sonho é importante, faz você acreditar em algo que o mundo esteja precisando. Contudo, ele não enche barriga e não tem prazo determinado. Pode durar alguns segundos ou uma vida inteira. Nos dois caminhos, ele lhe toma muito tempo. Esses momentos preciosos, você poderia usar de forma mais eficiente, com foco no que realmente importa: em pesquisas de mercado, em como e para quem vender o seu produto.

Atualmente, noto que há uma espécie de delírio coletivo entre os empreendedores. Acham que tudo se resolverá num passe de mágica, que apenas uma boa ideia é o suficiente, querem trabalhar sem precisar abrir mão de horas de lazer. É duro dizer isso, porém é o que tenho visto e ouvido. Para que você deixe esse delírio, você deve estabelecer um plano de ação. Será o momento de deixar as coisas superficiais de lado e encarar a temida realidade da rotina de um empreendedor. Se você tem dúvidas quanto a sua capacidade de trabalhar de forma, digamos, contundente, sugiro que parta para outra. Note que não enrolo com as palavras. É melhor fazer o alerta agora do que ver uma pessoa frustrada e afundada em dívidas. Se, no entanto, você não mede esforços para atingir seu objetivo, entre de cabeça.

Um bom plano de ação é formado por etapas. Você estabelece uma etapa de seu projeto e cumpre! Estabelece a próxima e cumpre! Comece pelas fáceis, não se atire a fazer coisas complexas no início, os negócios vivem de etapas. Muitas das empresas que atualmente valem bilhões de dólares começaram fazendo alguma coisa que não tem mais nada a ver com o que oferecem nos dias atuais. Sem contar, é claro, que elas também precisam se renovar, criar produtos novos, serviços mais interessantes, soluções mais modernas e afins.

Um exemplo prático: se, por exemplo, você precisa fazer um contrato social e se tornar pessoa jurídica, vá ao contador. Discuta com ele os pontos e corra atrás da papelada. Você vai se impressionar com a quantidade de documentos e números que você, quer dizer, sua empresa passará a ter. Outro caso comum é se você necessita comprar uma máquina. Faça a cotação, compare os preços e negocie com o fornecedor possibilidades de pagamento

FAÇA SEU NEGÓCIO DECOLAR

e descontos. Se o que você precisa é de um investidor, desenhe o perfil ideal de quem seria ele e procure-o. Sente-se à mesa com ele, debata e mostre com entusiasmo a sua proposta.

O maior segredo de um plano de ação é ver resultados. Eles podem ser negativos e positivos, porque a vida de verdade não é a *timeline* das redes sociais. A história real é tortuosa, é difícil. No Facebook, as pessoas apresentam suas melhores versões, com todos os desafios e as dificuldades cortados. Contudo, o dia a dia, meu caro leitor, é cruel!

Geralmente, o empreendedor vive suado, cansado, tonto de fome porque não costuma ter tempo para comer ou se esquece de parar para aquietar o estômago. No final de tudo, quando você se perguntar se vale a pena, tenho certeza que a resposta será positiva. Está provado! Ser empreendedor é um modo de vida. Se não teme aquela azia interminável, que bateu na madrugada, quando você se lembrou das contas que terá de pagar na manhã seguinte, você está pronto.

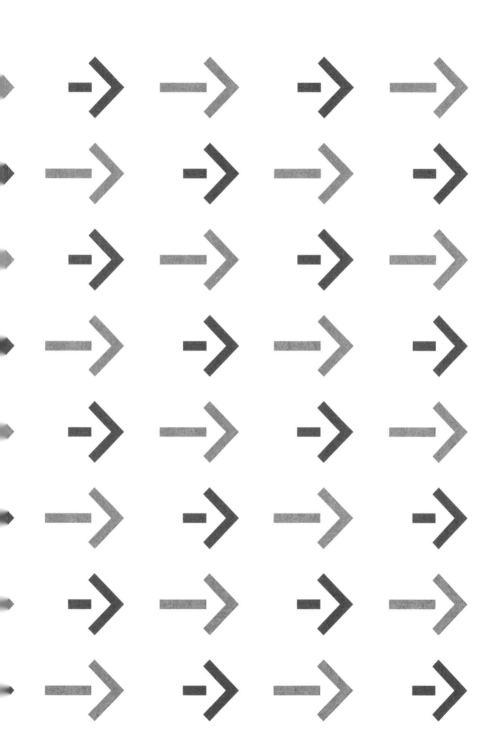

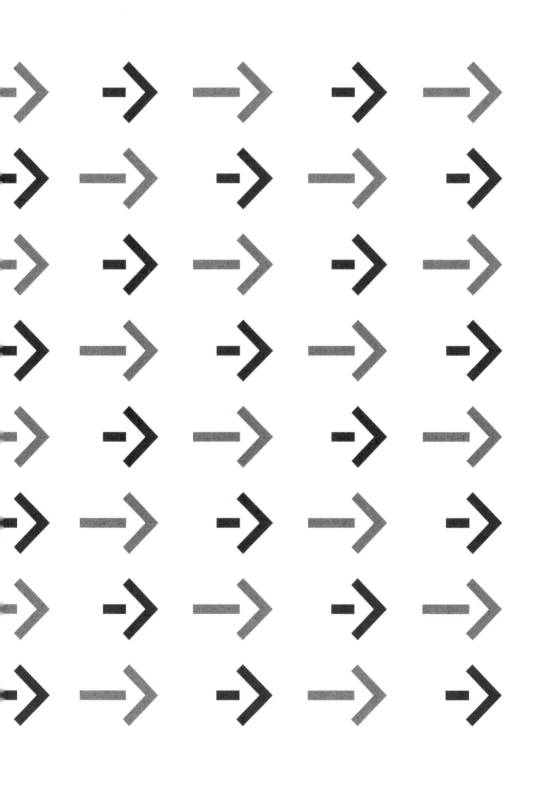

PLANEJAMENTO EFICAZ

Uma vez que tenha decidido agir para começar a pôr de pé sua empresa, chega a hora de fazer um plano de voo eficaz para que tudo corra bem quando você estiver em velocidade de cruzeiro. Na aviação, antes de decolar, o piloto precisa traçar a rota que fará e a altitude em que voará, prever qual o momento de parar para reabastecer e saber quais serão as condições meteorológicas que enfrentará durante o voo. Mal comparando, o empreendedor precisará fazer o mesmo; planejamento é a palavra de ordem para quem vai começar uma empresa.

Não dá para levar o negócio adiante sem essa etapa primordial. Se você nunca teve o costume de planejar, creio que será ainda mais desafiante. Acredito que tudo é uma questão de hábito. Então, você terá de desenvolvê-lo. Como disse, talvez seja mais complexo ir diretamente para o planejamento da sua empresa. Faça uma experiência antes. Tente, por exemplo, prever o que quer fazer nos fins de semana do próximo mês: quais passeios você gostaria de fazer? Quanto pretende gastar? Qual o tamanho do seu orçamento para isso? Qual a melhor opção para chegar ao local? Quem vai com você? Há outros compromissos na mesma data? Penso que será uma boa forma para começar a se acostumar com o planejamento – é importante iniciar com algo mais fácil, pois planejar é uma atividade cansativa e que exige muito de nós.

O planejamento é a arte de se antecipar aos problemas que podem surgir durante o seu percurso, mas também faz com que você preste atenção em tudo o que precisará para alcançar seu objetivo.

Tive a sorte de conviver com dois grandes planejadores em casa, verdadeiros exemplos para mim: minha mãe, dona de casa, excelente poupadora, e meu pai, empreendedor e muito focado. Quando tinha 11 anos, eu dividia meu tempo entre os estudos e o treinamento de futebol. A agenda era apertada. Tinha aula no colégio pela manhã, treinos à tarde e, às vezes, fazia outros cursos, como inglês, dependendo dos dias da semana.

Lembrando que, como toda criança, também queria passar algum tempo com meus amigos, jogar *videogame*, ler um livro ou simplesmente assistir à TV. Não havia outra saída senão me organizar para cumprir as tarefas no horário e encontrar tempo para fazer outras coisas. Bolei, então, a minha primeira planilha. Marcava ali meus horários e as atividades que faria naquele período.

Tentava ser o mais minucioso possível. Um dia na minha rotina, naquela época, era mais ou menos assim:

- → 6h - 6h20: acordar, tomar banho e me trocar.
- → 6h20 - 7h: tomar café da manhã e ir à escola.
- → 7h - 12h: tempo dedicado à escola.
- → 12h - 13h: almoçar.
- → 13h - 13h30: assistir à TV.
- → 13h30 - 16h: jogar futebol ou estudar inglês.
- → 16h - 16h30: tomar café da tarde.
- → 16h30 - 17h30: fazer a lição de casa.
- → 17h30 - 18h30: jogar *videogame*.
- → 18h30 - 19h: tomar banho e me trocar.
- → 19h - 20h: jantar.
- → 20h - 22h: tempo livre para ficar com minha família.

Como disse, eu planejava meu dia para dar conta de fazer minhas obrigações e também para me divertir e ficar com a minha família. É claro que não conseguia cumprir à risca todos os dias o que havia planejado. Havia ocasiões em que precisava ficar mais tempo na escola, fazer um trabalho na casa de um colega, visitar um parente, ir ao médico ou, quando estava muito cansado, tirar um dia de folga. Ninguém é de ferro, não é mesmo?

Olhar essa lista pode fazê-lo acreditar que eu era um robozinho e que vivia sob muita rigidez, mas não era o caso. A verdade é que essa lista me ajudava muito e foi algo que eu mesmo inventei. Não foi nenhuma imposição dos meus pais, que, evidentemente, acharam engraçado o meu jeito de dividir o dia em várias partes. Desde pequeno, carrego esse sistema comigo. Ou seja, tento manter uma agenda organizada para dar ritmo aos diversos afazeres que tenho. Não gosto de tratar as coisas na afobação, acreditando que tudo dará certo no fim, sem saber qual será meu próximo passo.

Como tenho participação em várias empresas, em ramos diferentes, além das gravações do meu programa *Sala de embarque*, disponível no YouTube e também no Facebook (é só buscar por *Aprendi fazendo*), no qual converso com empreendedores e pessoas do mundo dos negócios, preciso me manter organizado e adiantar o que for possível. Por isso mesmo, até hoje, preservo um pouco daquela rotina que tinha quando era garoto. Ainda tento dividir meu dia de forma que eu possa cumprir várias atividades distintas. Lembre-se de que o planejamento é um hábito. Mesmo que seja necessário fazer mudanças durante o trajeto, observar a minha planilha ainda me dá segurança.

Embora seja de extrema importância, tenha sempre em mente que o plano de negócios é previsão, não precisão. Na hora de fazer o planejamento de seu negócio é imperativo que você tenha essa mesma sensação. É importante mentalizar e se organizar para cumprir uma rota, mas sair dela não é um problema, desde que você se mantenha focado em seu propósito.

→→→ COMO DESENHAR SEU PLANO DE NEGÓCIOS?

Como você já deve ter feito, eu também saí atrás de livros que me dessem uma luz para bolar um plano de negócios infalível. Devorei vários e, não poderia ser ingrato, foram muito úteis. Também corri atrás de gente que pudesse me dar algumas dicas, mostrar-me um caminho. Mais uma vez, as conversas foram muito frutíferas. É bom estar com o coração e a mente abertos para ouvir e aprender com o exemplo dos outros. Embora tenha feito todo esse processo e visto muita coisa boa, não conseguia me identificar com o que me era apresentado. Então, em determinado momento, a ficha caiu: há diversos métodos de elaboração de planos de negócios, mas a grande diferença é *quem* está por trás deles.

Apesar disso, há alguns pilares que você deve observar na hora de montar seu plano de negócios. Não me custa repetir quanto isso facilitará sua vida mais adiante. O plano de negócios é uma ferramenta para que você descreva seus objetivos e o que precisa fazer para conquistá-los. Então, ao colocar suas ideias e suas pesquisas no papel, você terá uma visão de cima, do todo, como se um *drone* munido de uma câmera filmadora estivesse registrando imagens de uma paisagem: o seu sonho. Ao fazer isso, você acabará interiorizando todas as necessidades de sua empresa. Quando for necessário captar o dinheiro para fazer seu projeto decolar, você estará seguro para explicar aonde pretende chegar, para quem deseja vender ou prestar serviços e como trabalhará num mercado cada vez mais concorrido.

FAÇA SEU NEGÓCIO DECOLAR

A primeira coisa que você precisa fazer agora é conseguir um caderno. Ele servirá para fazer as anotações necessárias para o seu plano de negócios. Depois, se preferir e achar mais fácil, pode passar para um computador. Em linhas gerais, um plano de negócios se divide em cinco partes. Então, use em seu caderno as divisões a seguir para saber como anda cada etapa de seu planejamento.

ANÁLISE DE MERCADO

Se há uma tarefa à qual você deve se dedicar com muita vontade, essa é a análise de mercado. Cometer equívocos aqui pode ser muito prejudicial para o seu negócio. Nessa fase, você analisará quem são seus clientes potenciais, seus concorrentes e seus fornecedores. Exige estratégia e foco. Sem uma ideia clara do que e para quem você pretende oferecer, não há muita chance de as coisas irem bem.

Conheço a história de uma empreendedora que tinha um bom produto, com alta qualidade, mas não fazia ideia de qual era o seu público-alvo. Ela produzia roupas para bebês, um mercado sempre promissor, porém tentava vender esses itens para um perfil de pessoas que não podiam ou não estavam dispostas a pagar um pouco a mais pelo que ela oferecia. Conversando com ela num encontro de empreendedores, fiquei sabendo que ela nunca ouvira falar em plano de negócios. Achava que, como pessoas conhecidas admiravam seu trabalho, o sucesso seria instantâneo. Não foi isso o que aconteceu, e agora ela está tentando se reerguer.

Pois bem, ao analisar seus clientes, é importante entender os hábitos de consumo, a renda, o nível cultural, onde moram, o estilo de vida, o que compram. Não dá para tentar vender produtos com uma cara descolada para uma pessoa com perfil mais tradicional e vice-versa. Há público para todos os gostos.

Quando for analisar seus concorrentes, tente sempre identificar os pontos fortes e fracos deles. Para tanto, um dos caminhos é ouvir pessoas que já consumiram o produto e saber qual a opinião delas a respeito. Hoje, fica até mais fácil fazer isso. As redes sociais permitem identificar as pessoas que "curtem" a página de determinada empresa. Você pode tentar iniciar um diálogo com seus possíveis clientes por ali e pedir que respondam aos seus questionamentos sobre a experiência com o produto, além de entrar em contato diretamente com fornecedores para ter você mesmo a experiência com o produto concorrente. É o que chamamos de busca primária. Outra maneira é buscar informações secundárias, dados divulgados na imprensa, em mídia especializada ou em relatórios sobre empresas. Por exemplo, se pretende abrir uma sorveteria com produtos feitos artesanalmente, você pode, além de perguntar para os clientes o que eles acham da guloseima de um concorrente, observar como a imprensa tratou seu concorrente, que tamanho ele tem, se planeja alguma expansão, se ganhou aporte de algum investidor etc.

FAÇA SEU NEGÓCIO DECOLAR

Dessa forma, você conseguirá identificar o nicho do mercado em que deseja entrar que ainda pode ser atendido ou, melhor, como pode inovar num segmento que parece estagnado.

Gosto muito de observar, por exemplo, o mercado de barbearias em São Paulo. Elas estavam praticamente extintas, e os homens já estavam acostumados a dividir o salão de cabeleireiro com as mulheres, quando a Barbearia 9 de Julho abriu as portas em 2007, na região central. Para chamar a atenção dos clientes, eles adotaram o estilo *vintage*, com cadeiras clássicas de ferro cromado e antiguidades que ajudam a decorar o ambiente, como uma caixa registradora manual, telefone de disco e vitrola – sem contar as revistas masculinas. O modelo logo começou a se multiplicar pela cidade – e fora dela também.

Para conquistar a clientela, alguns comerciantes acabaram transformando suas barbearias num parque de diversões masculino, com mesa de sinuca e bar. Quando se observa o tamanho desse setor, entende-se por que tanta disputa para cortar cabelos e fazer barbas. De acordo com a Associação Brasileira da Indústria de Higiene Pessoal, Perfumaria e Cosméticos, os homens gastaram aproximadamente 21 milhões de reais em 2016 para ficar mais bonitos e cheirosos.[15]

----

15. CAJANO, Pamella. Mercado masculino de HPPC segue em crescimento. *Investimentos e Notícia*s. Disponível em: <www.investimentosenoticias.com.br/noticias/negocios/mercado-masculino-de-hppc-segue-em-crescimento>. Acesso em: 3 jun. 2017.

PLANO DE MARKETING

Não adianta ter um produto ou um serviço de qualidade se ninguém souber disso. Essa máxima vale para reforçar a importância de um plano de marketing para o seu negócio. Esperar que ele cresça organicamente, no boca a boca, vai lhe trazer muitas frustrações, pode acreditar.

Sua estratégia de marketing, segundo ensinamentos do Serviço Brasileiro de Apoio às Micro e Pequenas Empresas (Sebrae), deve respeitar os seguintes tópicos: produto, preço, praça, promoção e pessoas.

É preciso ter muito claro que tipo de produtos e serviços você oferecerá e, por consequência, quanto cobrará por eles, levando em conta os custos, os impostos e o lucro. Para conquistar mercado, algumas empresas apostam em preço mais baixo do que o praticado, o que pode levar os consumidores a acreditar que é um item de qualidade inferior. Outras companhias tentam emplacar um preço mais elevado, apostando na valorização do produto e trabalhando com o fator psicológico de que, por ser mais caro, é melhor.

Os cinco pontos do plano de marketing estão muito interligados, como podemos perceber. Não dá para pensar no preço do produto ou do serviço sem imaginar em que região ele circulará. Você não verá lojas de grife em centros de comércio popular, não é mesmo? A lógica é a mesma. Não adianta eu publicar anúncios da minha escola de aviação em grandes veículos de comunicação.

Não vou atingir o público que desejo. É mais eficaz, no entanto, veicular peças publicitárias em mídias especializadas.

O inverso também é verdadeiro. Uma grande rede varejista atingirá muito menos público se alardear promoções em mídias customizadas, mas, se colocar suas ações em grandes veículos, na TV e no rádio, suas chances de atrair clientes são muito maiores.

A divulgação ajuda muito a atingir suas metas de venda. Além disso, torna sua marca conhecida. Em alguns casos, de empresas há muito tempo estabelecidas, serve para reavivar os laços entre cliente e empresa. Por exemplo, a Nike. A companhia é multimilionária e continua gastando grandes fatias de seu orçamento com marketing.

Phil Knight, fundador da empresa, precisou perder boa parte de seu mercado nos anos 1980 para criar um conceito inovador de vender os tênis da marca. Em entrevista ao jornal *The Globe and Mail*, em 1998, ele afirmou o seguinte: "Durante anos nos consideramos uma empresa orientada para a produção. Agora entendemos que a coisa mais importante que fazemos é divulgar e vender o produto. Passamos a dizer que a Nike é uma empresa orientada para o produto, e o produto é o nosso mais importante instrumento de marketing". A Nike começava, então, a vender a ideia de que usando seus produtos a pessoa melhoraria de vida ao ficar em forma. A empresa também desembolsou quantias exorbitantes de dinheiro para tornar atletas em megacelebridades. O primeiro deles foi o ex-jogador de basquete Michael Jordan, maior nome da história desse esporte.

Para quem começará um negócio e não disporá de muita (ou nenhuma) verba de marketing, é possível conseguir bons resultados usando a criatividade. As redes sociais (olha mais uma vez elas aqui) tornaram-se um ótimo curinga para os empreendedores. Algumas companhias usam até estratégias inusitadas. Uma revendedora de automóveis em Goiânia ganhou fama e muitas matérias na internet devido ao seu bom humor ao anunciar os veículos.

Outras estratégias que podem funcionar e você deve avaliar são: a criação de promoções e liquidações (é difícil resistir a uma compra quando o comerciante anuncia descontos excepcionais); a participação em feiras e eventos, excelente oportunidade para fazer contatos e negócios; e uma boa equipe de vendas, que conheça bem o que vai oferecer, pois isso leva confiança ao cliente.

Plano operacional

Esta é uma parte ultrafundamental para quem trabalhará com uma linha de produção, mas também importante para outros tipos de estabelecimento. É nesse momento que você desenhará a estrutura de sua empresa e definirá os processos para produzir, vender ou executar serviços. Liste também os equipamentos, os materiais, a quantidade de profissionais, a qualificação que precisam ter e o tempo para realizar cada tarefa. Um bom plano diminui o desperdício, aumenta a produtividade e facilita a interação e a comunicação entre as pessoas.

Se você decidiu investir num supermercado, pense, por exemplo, que ele precisará de área de estacionamento, um depósito, um espaço para que os fornecedores façam entrega. É necessário avaliar com quantas gôndolas você trabalhará, onde ficarão o açougue, os frios e os laticínios, quantas caixas registradoras haverá etc.

Outro ponto importante do plano operacional é tentar estimar a sua capacidade produtiva ou quantos atendimentos consegue realizar por mês e quais serão seus principais fornecedores.

Dois colegas empreendedores se uniram para abrir uma franquia de uma lavanderia. A proposta da empresa parece bastante atraente para o cliente. Você fecha um pacote de x peças por semana e paga por mês. Entrega roupa suja e recebe as vestimentas lavadas e passadas. Passados alguns meses do início da operação, no entanto, eles perceberam que chegaram a uma encruzilhada: se pegassem mais clientes, teriam de contratar mais funcionários, o que reduziria a margem de lucro, por causa dos encargos trabalhistas, horas extras e benefícios que precisariam pagar, além de terem de comprar mais equipamentos e gastar mais com insumos, água e energia elétrica.

Ou seja, crescer seria um problema só porque esse crescimento não era exponencial e não conseguiam prever quanto tempo os clientes permaneceriam comprando seus serviços. Começaram a recusar alguns clientes por um tempo até que decidiram fazer uma alteração nos pacotes. Mantiveram os preços do começo, mas passaram a lavar e passar menos peças. Houve chiadeira dos clientes? É evidente que sim, porém, foi a única forma de eles conseguirem mais clientes utilizando a mesma capacidade de produção. Pelo menos até que pudessem se consolidar na região onde escolheram atuar e começassem a expandir o negócio.

Plano financeiro

É bem fácil imaginar o que acontece se o seu negócio não tiver um planejamento financeiro azeitado. Ele vai quebrar! É isso. Para que isso não aconteça, é preciso ser meticuloso. O plano financeiro será a ferramenta que lhe mostrará em números todas as ações planejadas nos passos anteriores. Ou seja, é nele que você descobrirá se a sua ideia tem espaço no mercado.

Se ela se mostrar factível, o próximo passo é calcular o investimento de implantação da empresa, para ter na ponta do lápis qual será o volume de investimento fixo para começar a operar, o capital de giro e os investimentos pré-operacionais.

Nos investimentos fixos, devem ser calculados os gastos com equipamentos (compra de computadores, máquinas registradoras, ar-condicionado, por exemplo), móveis e veículos. Não chute. Faça uma checagem de preços verdadeira. Gaste tempo nessa etapa, pois errar no cálculo pode comprometer sua largada.

Depois, siga para a estimativa dos chamados gastos pré-operacionais, como os registros necessários para a empresa passar a operar e as reformas no estabelecimento. Tenha em mente que esses pontos costumam gerar muito estresse no empreendedor. O primeiro por causa da burocracia, o segundo devido a problemas no gerenciamento da obra, atrasos, dimensionamento equivocado dos materiais que serão utilizados. Mantenha uma planilha para controlar os gastos de cada fase. Não deixe a reforma correr solta.

Outro cálculo extremamente importante é relativo ao capital de giro. Quais serão os recursos financeiros para conseguir, por exemplo, trabalhar com vendas a prazo e como você pagará os fornecedores? Neste último caso, não há alternativa a não ser negociar bem antes de fechar um acordo comercial. Ponha energia para encontrar a melhor solução para você. Seja o fornecedor que dá mais desconto para pagamento à vista ou aquele que permite trabalhar com prazos de pagamento mais dilatados.

Isso tudo lhe proporcionará uma análise comparativa entre receitas *versus* custos fixos e variáveis. Esse será o seu demonstrativo de resultados, no qual despesas e receitas aparecerão lado a lado, permitindo visualizar se a empresa operará com lucro ou prejuízo.

O plano financeiro vai auxiliá-lo a calcular o ponto de equilíbrio, ou seja, o faturamento mínimo que sua empresa precisa ter para sobreviver. Além disso, também ajudará a estimar o prazo para recuperar o capital investido e a lucratividade (relação entre lucro e receita total).

SUMÁRIO EXECUTIVO

Simples, conciso e que mostre seu profissionalismo: estas são as características mais importantes do sumário executivo, cuja função é revelar os principais atributos e a linha de trabalho da sua empresa. Nesta área é relevante destacar as conclusões essenciais do seu negócio e evidenciar uma visão geral e clara do plano de negócios. É basicamente isso o que você apresentará para possíveis investidores. Aqui você também deverá colocar os diferenciais competitivos da empresa, como missão, perfil do empreendedor, produtos e serviços oferecidos, segmento de clientes, localização da empresa, investimento total, forma jurídica e enquadramento tributário.

Essas são as cinco partes de um plano de negócios. Como podemos perceber, é extremamente trabalhoso. Para ter êxito, não se pode abrir mão dele, tampouco ficar tempo demais em cima dele. Um estudo do Sebrae mostra que a taxa de mortalidade de empresas com até dois anos é de 23,4%.[16] Outro dado interessante do levantamento, divulgado em 2016, refere-se ao tempo de planejamento que diferencia empresas vivas das mortas. As ativas passaram, em média, onze meses planejando antes de começar a operar. Aquelas que quebraram depois de dois anos fizeram a

----

16. SEBRAE. Sobrevivência das empresas no Brasil. Disponível em: <https://www.sebrae.com.br/Sebrae/Portal%20Sebrae/Anexos/sobrevivencia-das-empresas-no-brasil-relatorio-2016.pdf>. Acesso em: 3 jun. 2017.

lição de casa por oito meses. Parece pouco, porém esses três meses podem ter sido o prazo para lapidar alguns itens do plano e conseguir um aporte de dinheiro.

Tudo isso colocado, é preciso frisar bem que um plano de negócios é sempre bem-vindo, ainda mais se, por trás dele, houver um grande executor. Só assim para deixar de ser apenas um plano. Eu sempre tive grande facilidade para pensar em estratégias e planejamento. Talvez venha daí mesmo meu apreço pelo ex-premiê britânico Winston Churchill, um dos principais líderes do século XX, figura central na luta contra o nazismo de Adolf Hitler e um frasista de primeira. Como não nos empolgar ao nos deparar com frases que são um verdadeiro impulso para empreendedores?

"SUCESSO CONSISTE EM IR DE FRACASSO

EM FRACASSO SEM PERDER O ENTUSIASMO."

O dia a dia do empreendedor é duro. Haverá momentos em que se pensará em desistir devido às dificuldades que se impõem. Ser obstinado, porém, é o que levará você ao sucesso. Não pense em parar quando o primeiro revés acontecer. Reflita sobre ele e tente encontrar soluções para que ele não se repita.

"SE VOCÊ ESTÁ ATRAVESSANDO O INFERNO, CONTINUE ATRAVESSANDO."

Aqui a ideia é semelhante à da frase anterior. Você vai comer o pão que o diabo amassou e isso o tornará mais cascudo. Quando tiver acabado a travessia, tenho certeza de que algo extraordinariamente bom acontecerá com você.

"SEM VITÓRIA NÃO HÁ SOBREVIVÊNCIA."

Apesar do contexto bélico, em que ele falava sobre a necessidade de ganhar no campo de batalha para sair vivo de lá, a ideia aqui é mostrar como o triunfo é a única forma de você se manter no mercado.

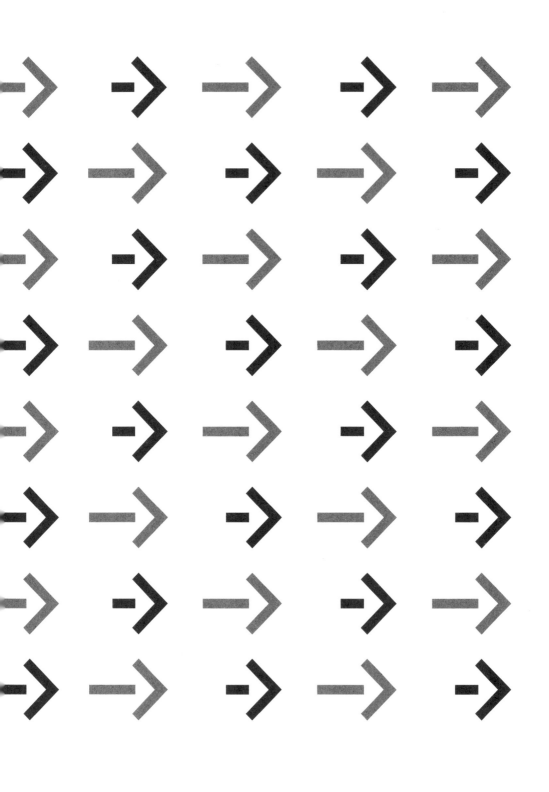

PRECISAMOS FALAR SOBRE DINHEIRO

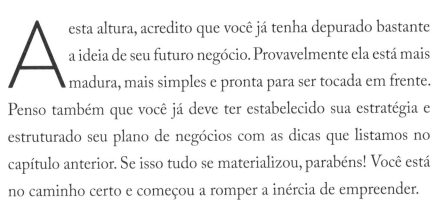

A esta altura, acredito que você já tenha depurado bastante a ideia de seu futuro negócio. Provavelmente ela está mais madura, mais simples e pronta para ser tocada em frente. Penso também que você já deve ter estabelecido sua estratégia e estruturado seu plano de negócios com as dicas que listamos no capítulo anterior. Se isso tudo se materializou, parabéns! Você está no caminho certo e começou a romper a inércia de empreender.

Os obstáculos, no entanto, mal começaram. Um dos maiores – e mais desanimadores – desafios para os empresários é obter dinheiro para fazer a roda girar. Falei antes e repito: o mundo dos negócios é dividido entre aqueles que possuem capital e os que precisam de capital. Por isso, vá atrás dos investidores. Com eles, suas chances de sucesso aumentam muito.

Considero este um dos passos mais importantes e sei também que não é, nem de longe, uma conquista que se faz com tranquilidade. Uma série de medos passará pela sua cabeça. O mais clássico deles é: o que farei com a dívida se o negócio não vingar? Realmente, é algo com que se preocupar. É um risco inerente ao desafio de empreender. A própria definição da palavra já diz tudo: "pôr em execução uma tarefa difícil e trabalhosa[17]. Digo mais, empreender é comprar brigas. Você ganhará inúmeras cicatrizes pelo caminho. O importante é que saia inteiro e fortalecido.

Ter o desejo de abrir um negócio e não deter o capital é uma realidade de muitos empreendedores. Pense em quanto sua vida mudaria se um investidor decidisse apostar na sua ideia. Isso lhe parece muito distante? Espero que não esteja boicotando seu sonho. O empreendedor que passa a imagem de não acreditar no próprio produto, se acha que pode não conseguir dinheiro para viabilizar seu negócio, ou seu plano não está pronto ou ele não é bom está fadado ao fracasso. Como acredito que seguiu todos os passos até agora, não haverá problema para se tornar um vendedor de si mesmo e ir à guerra – digo, ir ao encontro de pessoas com verba para lhe ajudar. Aqui vale lembrar a frase de um grande professor que tive: "Você não pode mudar o mundo se estiver morto. E estar sem capital para um empreendedor é estar morto.", disse-me Guy Kawasaki, especialista em tecnologia e nada mais, nada menos, que conselheiro da Apple.

----
17. HOUAISS, Antonio. *Grande dicionário Houaiss da Língua Potuguesa*. Objetiva, 2009.

→ → → GESTANDO MEU PRIMEIRO NEGÓCIO

Como já disse, sou filho de um empresário vitorioso, mas nem sempre foi assim. Quando nasci, meu pai ainda engatinhava com seu próprio negócio. Natural do interior do Rio Grande do Sul, de uma família pobre, ele veio ainda jovem para Porto Alegre para morar com o irmão mais velho. Ele sempre carregou algo bastante forte consigo. Dizia que se recusava a não ser bem-sucedido. Então, desde cedo, trabalhou duro para alcançar seu propósito. Começou como vendedor; ia de porta em porta oferecer vinho. Segundo ele, não havia nada melhor do que esse cara a cara, pois, assim, ele podia compreender os interesses de seus clientes e sabia o que fazer para agradá-los.

Ele se deu bem nesse ramo, porém queria mais. Algum tempo depois, passou a se dedicar integralmente a construir seu sonho de ser empresário. Hoje, passados 36 anos, ele tem uma indústria sólida. Mesmo atravessando altos e baixos, nunca perdeu a gana nem se deslumbrou. Costumo dizer a ele que sua marca empreendedora é a capacidade de nunca desistir, mas ele torce o nariz e afirma que saber vender é seu maior ativo... Enfim, discussão para mais de uma vida. O que importa mesmo é que essas duas habilidades caminhem juntas. Perseverar e saber posicionar seu negócio são regras elementares para conseguir um bom investimento.

Lembro-me de quando precisei, pela primeira vez, buscar capital para colocar minha escola de aviação em pé. A gestação levou

FAÇA SEU NEGÓCIO DECOLAR

nove meses. Alguns até acharam que foi rápido demais. Quem está nessa situação só vê um caminho interminável de "nãos" e "vou analisar e depois lhe dou uma resposta". Essa dificuldade inicial faz você sentir na pele o que é empreender.

Quando me aproximei de investidores a fim de captar um investimento pequei demais! Pudera, não sabia lá muito bem como desempenhar essa árdua tarefa. Bem, sejamos honestos: pouquíssimos empreendedores sabem como isso funciona. Mesmo aqueles que já têm alguma experiência.

Devo ter apresentado mais de vinte planos de negócios até que alguém me falou o óbvio: "Fabricio, você não pode chegar aos investidores acreditando que eles acharão o seu projeto o mais legal do mundo e lhe darão um cheque robusto.".

Era verdade! Investidores, financistas ou endinheirados querem saber de três coisas: quanto custará? Quando começará? O que eu ganho com isso? Simples, claro, mas cruel também. Assim é o mundo real, vá se acostumando. Se seu projeto responder bem a essas perguntas, ele passará.

Contudo, receber uma resposta negativa é normal. Como disse, levei muitos "nãos" até obter um "sim". Para absorver essa pancada, a única maneira é retrabalhar o seu projeto ou a sua apresentação. Você precisará fazer bem o dever de casa. O primeiro deles é analisar novamente seu plano de negócios. Tente achar brechas, falhas ou partes que precisam ser complementadas ou aprofundadas. Se ele estiver redondo, talvez o problema tenha sido a maneira como você vendeu sua ideia. Ela pode não ter ficado tão atraente quanto imaginava.

Você sabe se sua apresentação foi perfeita quando percebe o impacto positivo que ela gerou. Uma ideia muito empolgante certamente animará o seu interlocutor, e não uma exposição tecnicamente perfeita, com mil detalhes no PowerPoint.

No livro *On speaking well* (*Para falar bem*, em tradução livre), Peggy Noonan, que escreveu discursos de ex-presidentes norte-americanos, como George Bush e Ronald Reagan, narra uma história curiosa sobre Coco Chanel que ajuda a ilustrar muito bem o impacto de uma boa apresentação. A estilista acreditava que um vestido elegante não deveria chamar muito a atenção. Caso uma mulher entrasse em um ambiente e as pessoas dissessem que "vestido maravilhoso", Chanel teria falhado em sua missão. Para ela, o sucesso só era garantido quando diziam que a mulher estava fabulosa.

Se alguém disser que você fez uma boa apresentação, acenda o sinal de alerta. No entanto, se disserem que seu projeto é muito bom, é provável que você tenha conquistado a plateia.

→ → → OS ERROS MAIS COMUNS NA HORA DE APRESENTAR SEU PROJETO

Após algumas apresentações, nos dois lados do balcão, consigo perceber alguns erros que podem arruinar a venda de sua ideia.

Não saber para quem você vai falar

Nos negócios, é impossível conseguir êxito numa apresentação se você não souber quem vai ouvi-lo. Não estou falando exatamente da pessoa, mas da instituição que ela representa. É preciso fazer a lição de casa e pesquisar sobre a companhia, o histórico de financiamentos e empréstimos, quais são seus valores, se é mais aberta ao pequeno empresário etc. A internet está aí para isso.

Chatear o ouvinte

Falar demais, ser prolixo, não ir direto ao ponto. Tudo isso deixará a sua plateia entediada e, por consequência, aniquilará suas chances de fechar o negócio. Para combater isso, conheça bem o seu projeto, mantenha-se nele durante a apresentação e tente dar ritmo à sua fala para dinamizar a apresentação; seja preciso e responda apenas ao que lhe for perguntado.

Nem reverenciar, nem irreverenciar

Formalidade em excesso pode atrapalhar seu desempenho. Você estará tão preocupado em ser cortês que parecerá artificial. Em contrapartida, não trate a pessoa com quem está falando como se fosse seu melhor amigo. Haja educadamente, tente manter uma postura firme, mas também tenha leveza e sorria de vez em quando.

Seguindo essas dicas, tenho certeza de que você terá mais chances de sair de uma reunião de negócios com uma resposta positiva.

→→→ A QUEM PROCURAR?

Além da preocupação de como conseguir o dinheiro, os empreendedores também precisam lidar com outra questão: a quem procurar? Qual caminho será mais efetivo para receber um aporte financeiro? Há algumas opções mais tradicionais e outros modelos que vêm surgindo no mercado recentemente.

Na lista daquelas mais consagradas estão as linhas de crédito de bancos privados. Lidar com essas instituições requer um bom jogo de cintura do empreendedor e também um plano de negócios muito bem formulado, como já repeti à exaustão. Essas instituições costumam usar o critério dos "cinco Cs" para conceder o empréstimo:

→ **Caráter:** basicamente, este item se refere à boa fama do empresário e de seu relacionamento com o banco. Fica evidente que é melhor você conversar com o gerente que cuida de sua conta pessoal. Ele pode fazer a ponte com o setor responsável pelas pessoas jurídicas.

→ **Crédito:** se você não deve nada na praça e nunca ficou com o nome comprometido por dívidas, sua moral dentro do banco estará mais alta. Quando avaliam o risco de tomar um calote, os bancos observam o histórico do tomador de empréstimo.

→ **Caixa:** se você ainda não está com a empresa em operação, será importante que sua planilha de projeção de lucratividade esteja a mais próxima da realidade. Eles vão querer saber se o fluxo de caixa será suficiente para pagar o empréstimo.

→ **Capacidade:** os bancos observarão a capacidade de pagamento da sua empresa, os ativos financeiros (bens e valores que formam o patrimônio do seu negócio).

→ **Colaterais:** neste ponto entram as garantias formais para conseguir o dinheiro. Por exemplo, caso não consiga honrar com os compromissos, o banco pode ficar com o seu carro ou seu imóvel.

Muitos empreendedores também recorrem ao governo para conseguir financiar seu negócio. O Banco Nacional de Desenvolvimento Econômico e Social (BNDES) é o maior credor do país, e o repasse é feito por meio de outros bancos credenciados. Para conseguir o acesso ao crédito, é preciso solicitar o cartão do BNDES.[18]

Fundado em 1952, durante o governo de Getúlio Vargas, o BNDES tem como base fomentar a competitividade das empresas brasileiras de vários portes. O dinheiro, no entanto, só pode ser utilizado para algumas finalidades, como: construir ou reformar uma loja, um galpão, um escritório ou uma fábrica; comprar máquinas e equipamentos fabricados no Brasil; importar máqui-

---

18. É possível solicitar o cartão BNDES pelo site: <https://www.cartaobndes.gov.br/cartaobndes>. Acesso em: 5 jun. 2017.

nas que não tenham similar no país; ou até mesmo usar para o capital de giro.

As agências de fomento podem ser uma boa opção para os empreendedores. Essas instituições, em geral coordenadas pelos governos estaduais, têm como objetivo financiar capital fixo e de giro. Entre os principais beneficiários, de acordo com o Banco Central do Brasil, estão projetos de infraestrutura, profissionais liberais, micro e pequenos empresários, além de comércio, agronegócio e turismo.

O empréstimo às empresas é realizado a partir de recursos estaduais ou com repasse do BNDES. Segundo a Associação Brasileira de Instituições Financeiras e de Desenvolvimento (ABDE), dezesseis estados do país possuem agências de fomento, com linhas que liberam de 300 reais a 30 milhões de reais. Em geral, as taxas são menores do que as praticadas em bancos de varejo. O financiamento é bem simplificado, o empreendedor deve fazê-lo pela internet. Na Desenvolve SP, agência paulista, há um tutorial em vídeo que facilita a vida do empreendedor.[19]

→ → → "ANJOS" E "VAQUINHAS"

As inovações pelas quais a economia vem passando têm afetado também a maneira de as pessoas conseguirem investimentos. Para

---

19. Desenvolve SP – Agência de Desenvolvimento Paulista. Disponível em: <www.desenvolvesp.com.br>. Acesso em: 5 jun. 2017.

FAÇA SEU NEGÓCIO DECOLAR

mim, algumas chamam bastante a atenção pelo modelo adotado. Por exemplo, você já deve ter ouvido a palavra *crowdfunding*. Em bom português, é a nossa já conhecida "vaquinha" transposta para a internet. Algumas plataformas, como Catarse, Kickante, Start Me Up e Kickstarter, tornaram-se alternativas fascinantes para conseguir desenvolver seu negócio.

Atuando como facilitadoras, elas fazem o seu projeto chegar a um grande número de pessoas que podem apoiá-lo por meio de doações; em alguns casos, essas plataformas oferecem até assessoria gratuita para sua empresa. É comum cobrarem uma taxa administrativa, que pode variar entre 2% e 20% do valor arrecadado nas campanhas.

E é de impressionar o alcance das "vaquinhas" *on-line*. O maior *site* dessa categoria, o Kickstarter foi fundado em 2008 e já conseguiu ajudar a tirar do papel aproximadamente 130 mil ideias. A empresa afirma que o montante movimentado está na casa de 2,5 milhões de dólares.

Nos Estados Unidos, uma campanha para financiar os primeiros óculos de realidade virtual, o Oculus Rift, abocanhou 2 milhões de dólares. Em outro caso, 10 milhões de dólares foram doados para a produção do Pebble Time, um relógio inteligente.

Aqui no Brasil ficou conhecida a ação do Mola, que recebeu 600 mil reais via Catarse. O projeto é uma espécie de Lego feito de molas que ajuda engenheiros e arquitetos a simularem edificações. Até mesmo o autor do projeto, Marcio Sequeira, impressionou-se com o feito. "Eu imaginava vender 150 kits e vendemos mais de 1.600", disse ele.

Essa ferramenta nos mostra que, se o potencial do que você se propõe a fazer é alto, é bem provável que muita gente se interesse.

Às vezes, o empreendedor fica muito preso a meia dúzia de possibilidades. Um amigo, um amigo de um amigo, um parente etc. Esquece-se de sua rede de contatos. Mantenha sua *network* ativa. Uma conversa leva a outra e, de repente, você conhece alguém interessado, de preferência um profissional, em trabalhar na sua proposta. Para esse tipo de caso, atualmente há uma excelente definição: investidores-anjos.

Os arcanjos, como costumo chamá-los, são famosos, embora ainda pouco conhecidos no Brasil, por ajudar empresas de pequeno porte, às vezes com capital, às vezes com uma espécie de governança corporativa, às vezes com ambos.

Alguns até possuem excelentes contatos e também podem contribuir em outra fase da empresa, quando ela poderá se tornar ainda mais capacitada.

Apesar de esses investidores-anjos serem uma boa alternativa, é preciso ter cuidado com aqueles que se dizem anjos, mas, na verdade, só querem algumas horas de conversa. A regrinha aqui é simples: o ideal é que apostem o próprio dinheiro no negócio. O bilionário Warren Buffet cunhou uma expressão ótima para isso: *skin in the game* – algo como "colocar a mão no fogo", em português, ou seja, comprometer-se de verdade.

Lembre-se também de que o melhor investidor é, na realidade, um grande facilitador. É quem lhe permite alçar o voo do empreendedorismo.

Os "anjos" são pessoas com elevado número de horas de voo no mercado e que detêm capital para investir em projetos com alto potencial de crescimento. Geralmente, são empresários ou executivos que trilharam a carreira do sucesso profissional e querem apoiar aqueles que estão no início do percurso. Você já deve ter ouvido falar deles, mas sabe como eles operam? Então, vamos lá.

Esses investidores-anjos comumente aplicam o *smartmoney*, "dinheiro inteligente", que é a expressão utilizada para definir não só os recursos financeiros, mas também os conhecimentos, a experiência e a rede de relacionamentos. A participação que terão será minoritária, e, em regra, eles não ocupam cargos na empresa. O papel deles é o de mentoria e aconselhamento.

Eles não ganharam a alcunha de anjos sem motivos. É bom frisar que há gente mal-intencionada por aí, porém, o que os torna "anjos" é o fato de que vão acompanhar você e aumentarão as chances de seu negócio fazer sucesso. Esses investidores podem ser verdadeiros protetores e companheiros para o seu negócio.

Como disse antes, eles possuem muita experiência e serão uma importante voz da consciência para você não se perder.

Veja, é comum alguns empreendedores inexperientes conseguir dinheiro e quebrar após decisões desastrosas. Certa vez, conheci um engenheiro mecatrônico, recém-formado e com uma bela ideia. Isso deve fazer cerca de quatro ou cinco anos, as impressoras 3D estavam começando a ganhar destaque aqui no Brasil. Esse rapaz, que tinha morado nos Estados Unidos, havia importado o equipamento e, depois, trazido peças novas para fazer algumas adaptações que lhe permitissem criar móveis. O custo de uma cadeira, dizia ele, seria bem inferior ao praticado pelo mercado. Ele levou sua ideia adiante e conseguiu um empréstimo. Chegou a produzir por um tempo, mas incorreu em um erro fatal para um empreendedor. Tinha apenas um cliente (por sinal, estrangeiro), que o trocou por outro fornecedor. Com um equipamento caro e um caminhão de dívidas, precisou fechar as portas e procurar emprego.

O grande diferencial dos investidores-anjos é não se limitarem a entregar apenas os recursos financeiros, mas também sua consultoria e seu acompanhamento ao longo do desenvolvimento e da consolidação do projeto que estão apoiando, minimizando a possibilidade de algo semelhante ao que ocorreu com o colega engenheiro acontecer. Por isso, é fundamental ter por perto alguém que já conheça os atalhos do mercado, tenha experiência, abra portas e impulsione o seu negócio.

Eles são "anjos", mas não pense que são bonzinhos. Se sua ideia os convenceu é porque eles acreditam que haverá retorno financeiro. Segundo a Anjos do Brasil, organização que reúne esses investidores, os apoiadores se pautam nos seguintes preceitos:

FAÇA SEU NEGÓCIO DECOLAR

→ investem entre 5% e 10% de seu patrimônio em negócios com sucesso potencial;

→ realizam investimentos em grupos de dois a cinco "anjos", que disponibilizam, em média, de 200 mil a 500 mil reais, mas podem chegar a 1 milhão;

→ priorizam negócios que estejam numa localização geográfica próxima à sua, pois eles participam ativamente da gestão do negócio junto ao empreendedor.

→→→ COMO CONSEGUIR UM ANJO?

Neste ponto você já deve estar bem interessado nos investidores-anjos, não é? Aí surge a clássica pergunta: como posso chamar a atenção deles?

Vamos ver o que esse pessoal costuma observar em um negócio!

INOVAÇÃO

Os investidores estão à procura de novos negócios que sejam diferentes de tudo o que há no mercado, portanto, inovação é uma das palavras-chave.

MERCADO POTENCIAL

O tamanho do mercado potencial que você pode atingir é outro fator determinante na hora de receber um investimento.

POTENCIAL DE CRESCIMENTO

É sempre feita uma análise em relação ao potencial de crescimento do negócio sem a necessidade de um crescimento proporcional na estrutura e nos custos.

PROJEÇÕES REALISTAS

Mostre para o anjo que você entende do seu negócio, que possui um modelo de negócios consistente e uma projeção financeira realista.

PLANO DE NEGÓCIOS BEM-ESTRUTURADO

Tenha em mãos um modelo de plano de negócios bem-estruturado para entregar aos potenciais investidores.

CAPACIDADE DE EXECUÇÃO

Vá além de mostrar apenas ideias; mostre também que possui uma equipe com capacidade de executá-las no mercado.

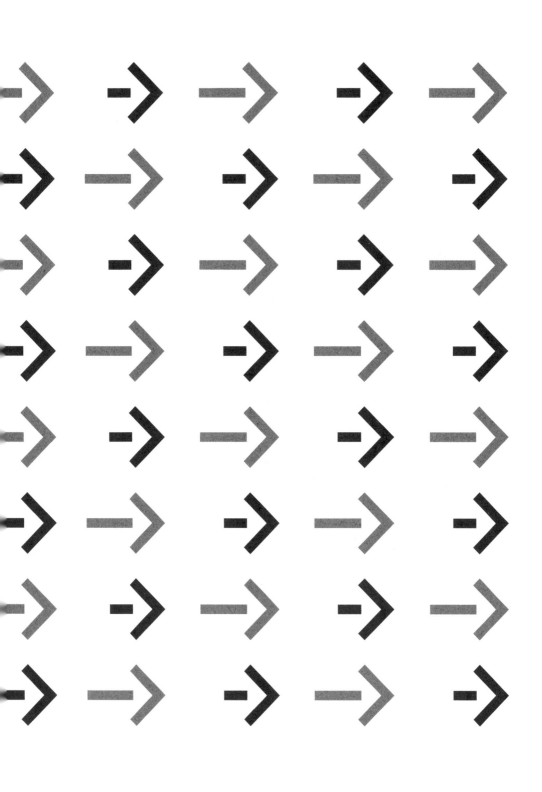

TEMPO DE DESPERTAR

Oliver Sacks foi um médico brilhante. Era neurologista e, certamente, o mais famoso do mundo em sua especialidade. Ao passar os olhos em seu currículo, podemos notar facilmente por que era tão requisitado. Nascido em Londres, em 1933, numa família judaica, ele se formou em Medicina no Queen's College, da prestigiada Universidade de Oxford. Concluiu sua especialização no Hospital Mont Zion, construído pela comunidade judaica de São Francisco. Na década de 1960, mudou-se para Nova York e começou a trabalhar com pacientes que se encontravam em permanente estado de catatonia, quadro psicológico e/ou neurológico no qual o paciente tem distúrbio motor.

Durante o tratamento, Sacks descobriu que os doentes sofriam de encefalite letárgica. A moléstia fazia as pessoas oscilarem entre os estados de letargia e de sono profundo. Sacks decidiu testar, então, um medicamento novo, a levodopa, utilizado para o tratamento do mal de Parkinson. Os resultados foram surpreendentes. Muitos dos doentes acordaram e passaram a ter uma vida normal. Apesar dos efeitos positivos do medicamento, muitos pacientes sofriam ao perceber que haviam acordado após trinta ou quarenta anos, e a vida deles tinha escorrido entre as mãos. Com base nesse tratamento, ele escreveu o livro *Tempo de despertar*[20], que, em 1991, foi adaptado para o cinema. Estrelado por nada menos que Robin Williams e Robert De Niro, a produção recebeu três indicações ao Oscar: melhor ator (De Niro), melhor filme e melhor roteiro adaptado.

Seria leviano comparar a vida de pacientes com uma grave enfermidade à de empreendedores que demoraram a sair da letargia. No entanto, espero que, quando vir seu negócio funcionando, você não se pergunte por que não começou antes. Não se culpe. Você, provavelmente, não tinha todas as ferramentas à mão ou vivia soterrado por outros afazeres ou muitas ideias. Esse erro você já não pode mais repetir. Sacks, que escreveu outros grandes *best-sellers*, costumava dizer que "falamos não apenas para dizer aos outros o que pensamos, mas para dizê-lo a nós mesmos". É um processo de internalizar o que gostaríamos de ver, caso seja colocado em ação.

----
20. Publicado pela Companhia das Letras, em 1997.

É interessante que você fale com outras pessoas a respeito do seu negócio, da sua ideia. Fale, acima de tudo, com você mesmo. Guarde alguns momentos do dia para refletir a respeito do seu papel como empreendedor. Aonde quer chegar? Como fará para chegar lá? E o que fará quando chegar aonde desejava? Os sonhos podem até atrapalhar se não forem ordenados e priorizados. Entretanto, são eles que nos impulsionam e nos levam por alguma direção.

Já comentei no começo do livro que há muita gente com gana de empreender, mas está desfocada. Tem uma boa ideia e não consegue sair do lugar. Quero que você entenda quão importante é começar agora, para, simplesmente, não se arrepender mais tarde. Está na hora de parar de cair em lorotas que empreendedores sem CNPJ tentam vender como verdade. Quero que você entenda o que realmente funciona: a sua capacidade de trabalhar, de não deixar para depois, de enfrentar os desafios que aparecerão em seu caminho.

Pretendo que aqui possamos debater e expor experiências do que realmente acontece no mundo dos negócios. Você já se perguntou por que algumas pessoas alcançam o sucesso e outras não? Por que aquele menino ou menina dos tempos de escola, que parecia não ter um futuro promissor, agora se tornou uma pessoa bem-sucedida? O que ocorreu no meio do caminho? É curioso porque os pais, os meus inclusive, cobram dos filhos um bom desempenho no colégio, como se isso fosse o suficiente para lhes

FAÇA SEU NEGÓCIO DECOLAR

garantir um futuro seguro. Ninguém está negando o óbvio de que é importante estudar, mas ter apenas boas notas não garante mais uma vida tranquila. É preciso ter fome de vencer. Quer um exemplo?

Tornou-se viral há alguns anos a história de Geraldo Rufino. Ele ficou tão famoso que chegou a ser entrevistado pelo Jô Soares. Sentado no sofá do apresentador, Rufino contou como passou de catador de entulho a dono de uma das maiores empresas de reciclagem automotiva, a JR Diesel, cujo faturamento bruto é de 50 milhões de reais anuais. De origem muito humilde, começou a trabalhar com 8 anos. "Com 11 anos eu quebrei pela primeira vez", disse ele. "Juntei dinheiro por dois anos do trabalho num aterro sanitário. O dinheiro conseguido com a venda de entulhos eu guardava em latas, que enterrava num terreno baldio do lado do aterro. Tinha um mapa certinho de onde elas estavam. Certo dia, chegamos lá e vimos que o dono do lugar tinha vendido o terreno e que estavam passando a máquina para limpar tudo ali. Adeus, latinhas."

Depois desse prejuízo, ele foi em frente. "O restinho do dinheiro que tinha usei para comprar traves de futebol e equipar um campo na favela onde morávamos. Montamos um time. Tinha a bola, as camisas, as traves. Então, quem quisesse jogar tinha de pagar para mim. Arrumei dinheiro de novo e reinvesti. Montei um boteco ao lado do boteco do meu pai. Pouco tempo depois, embora estivesse ganhando dinheiro, quebrei de novo. Um fiscal da Vigilância Sanitária fez uma visita ao estabelecimento do meu pai. E, para não fechar o bar, dei todo o meu dinheiro ao fiscal."

Evidentemente que a prática é condenável, mas isso também mostra quão complicado é empreender no Brasil. É preciso fazer tudo certo, ser detalhista e se cercar de cuidados e, mesmo assim, é possível que alguma "inconformidade" seja encontrada no seu negócio. Voltando à história de Rufino: ele quebrou com o fechamento do bar e teve de procurar emprego com carteira assinada. Sua passagem como funcionário deixa uma lição magnífica para os futuros empresários: "Empreender, no meu ponto de vista, não faz diferença se o negócio é do outro. Se você arrumar um emprego e empreender lá, você ganhará dinheiro igual. Arrumei o emprego e comecei a trabalhar como se fosse para mim. Fiquei 16 anos ali, fui de *office boy* a diretor". O resto da história é que ele se tornou milionário reciclando caminhões e ônibus.

Um cacoete de Rufino, que também é outro grande ensinamento, é dizer sempre que não sabe o que é crise. Assim como a dele, veja a história de outros empreendedores. O que os diferenciou na travessia? Simples: eles ignoraram as barreiras. Eles davam um jeito. Não se deixavam derrotar e, mesmo em condições adversas, ousaram não se resignar.

Não é, no entanto, algo tranquilo, que sai de forma indolor. Não mesmo. Todo empreendedor teme o dia 5 de cada mês. É lá que estouram as grandes contas para pagar. Se você não se preparou o suficiente, em termos financeiros e de planejamento, o desespero baterá em sua porta. E será inevitável não ter dinheiro para pagar seus funcionários ou, num negócio de menor porte, não conseguir fazer uma retirada para você no fim do mês. Além das contas da empresa, também chegarão os carnês da sua casa. É desanimador e isso o levará a assumir uma conduta de derrota. Sem controle, você aperta o botão do pânico.

Toda pessoa que decide empreender deve se acostumar com milhares de sensações e sentimentos. No fim, gerenciar suas emoções é muito pertinente. Para empreender, uma pessoa deve estar disposta a perder o seu porto seguro. Por isso, tenho meus três mandamentos para empreender:

1. Faça agora.
2. Faça agora.
3. Faça agora.

→→→ DO IMPOSSÍVEL AO POSSÍVEL

Sempre decidi me desafiar. Quando uma atividade me desperta a atenção, eu me "obrigo" a fazer o meu melhor – de preferência, ir além. Foi assim quando treinava futebol e ficava ligado nos goleiros mais experientes para saber como ter o melhor posicionamento em campo; da mesma forma aconteceu quando comecei a pilotar e, posteriormente, a empreender. Eu me preparava, conversava com as pessoas, planejava e pensava no que aquilo tudo significava para mim e para outras pessoas. É a minha maneira de tornar possível o que, para muitos, é inalcançável.

Em 2016, comecei um negócio que parecia impossível se tornar viável financeiramente. A impossibilidade, na verdade, está nos olhos de quem vê. Bem, vamos à história.

Surgiu, de repente, uma oportunidade fantástica de expandir minha área de atuação. Além da escola de aviação, também tenho participações em empresas de diferentes ramos e avaliei que seria uma boa pedida adquirir uma companhia familiar com 15 anos de renome nacional no setor químico. Eles estavam quebrados.

Minha primeira preocupação foi identificar qual o segmento químico em questão – a área de produtos domésticos. Depois, tentei identificar os erros cometidos pela administração e como faria para reinserir a firma no mercado. Tudo fazia perfeito sentido. Apesar da dívida de cerca de 6 milhões de reais, sabia que, depois de avaliar todas as variáveis, estava fazendo algo conscientemente.

Adquirido o negócio, chamei pessoas de confiança para trabalhar comigo e fizemos um pacto de colocar a casa em ordem. Neste primeiro ano, desde que assumimos, lutamos mil batalhas. Eu me recordo que, como tínhamos o CNPJ totalmente sujo, com mais de duzentos protestos, não conseguíamos comprar absolutamente nada a prazo. Argumentos não nos faltavam, mas os fornecedores não queriam saber se o pato era macho ou fêmea.

Neste momento, tomei uma atitude ousada – e desesperada: pedi emprestado o CNPJ de amigos. Liguei para dez amigos e nenhum se dispôs a ajudar naquele momento. O ânimo da minha equipe começava a baixar diante dos desafios.

Em uma segunda-feira, tomei outra medida ousada e mais difícil ainda: resolvi ligar para os meus "inimigos" que tinham dinheiro e CNPJ. Para a minha surpresa, consegui que um deles comprasse os insumos de que precisava para garantir um mês de produção. A conta, no entanto, deveria ser quitada em 28 dias.

Neste ponto da história já é possível identificar duas lições importantes para os empreendedores. A primeira delas é que não se deve fazer negócios com amigos. A segunda é que, se você está decidido a vencer como empreendedor, você tem de desafiar qualquer coisa.

Voltando à minha briga pela sobrevivência, quando chegou o dia de pagar a dívida, eu ainda não tinha ganhado o suficiente. Imagine como foi aquele dia para mim... Nem precisa se esforçar, já vou contar o que aconteceu. Liguei para o fornecedor e pedi mais dez dias de prazo para o pagamento. A resposta, como você deve ter previsto, foi negativa. Peguei o telefone, desesperado, e liguei para o meu credor e disse: "Não conseguirei quitar o boleto de 30 mil reais com seu CNPJ". Ele me respondeu: "Cada um com seus problemas. Resolva!".

Naquele mesmo dia, consegui encontrar uma solução. Eu me desfiz do meu carro por 30% a menos do valor de tabela. Foi a maneira que encontrei para não ficar devendo para o meu "inimigo" e não deixar que o CNPJ dele fosse protestado.

Algum tempo depois encontrei-o e, entre uma cerveja e outra, perguntei: "Orlando, por que você fez aquilo por mim?". Ele me respondeu: "Além de você ter brilho nos olhos, sei que jamais ficaria devendo para mim. Apesar de tudo, sempre nos respeitamos como profissionais.".

Em um instante, um pequeno filme passou pela minha cabeça. Esse filme me mostrava quanto eu era feliz por conhecer grandes pessoas – acredite, isso também é muito importante na vida de um empreendedor. A única coisa que você não pode é achar que, por conhecê-las, você terá um grande negócio!

Aqui, fica outra lição para o empreendedor. Reserve tempo em sua agenda para fazer contato com pessoas de diferentes áreas, mas que estejam correlacionadas com seu projeto. Pode ser um café, um almoço, um curso, uma palestra. Circule. Ao menos duas vezes por semana tente marcar encontros profissionais. Isso vai ajudá-lo a arejar as ideias, além de manter você conectado com as novidades do mercado.

Para terminar minha odisseia no setor químico, hoje a empresa está indo bem. Crescemos mais de 100% em um ano, e os clientes voltaram a consumir os produtos. Grandes supermercados voltaram a se relacionar conosco e a revolução de atitudes que promovemos recolocou o nome da companhia no lugar de onde nunca deveria ter saído. É ótimo ver um sonho virar realidade, não é mesmo?

➔➔➔ UM EXÉRCITO DE SONHADORES-REALIZADORES

Numa tarde tranquila no escritório, comecei a procurar na internet notícias sobre jovens empreendedores. Obviamente, achei muitas delas, quase sempre muito positivas. Um texto no *site* da revista *Pequenas Empresas & Grandes Negócios* informava que dois em cada três jovens brasileiros pensam em abrir o próprio negócio.[21] Eu me impressionei, é claro.

Continuei fuçando na rede atrás de jovens empreendedores que deram certo no Brasil e no mundo. Deparei-me com muitas reportagens sobre jovens com menos de 30 anos que haviam alcançado o sucesso por meio de ideias inovadoras. O escocês Pete Cashmore tinha apenas 19 anos quando criou o Mashable, um dos principais *sites* sobre o universo da tecnologia e das redes sociais. Um simples *blog* virou uma potência, superando concorrentes mais antigos como o TechCrunch. Já o brasileiro Mike Krieger ficou milionário depois de o Facebook ter comprado o Instagram, rede social de fotos que ele ajudou a criar. Contudo, o que me chamou mesmo a atenção foram as histórias de três crianças que se tornaram grandes empreendedoras.

O primeiro caso é do britânico Henry Patterson. Com apenas 9 anos (uau!), ele foi considerado o mais jovem empresário do

---

21. Agência Sebrae de Notícias. Dois em cada três jovens brasileiros pensam em abrir um negócio. *Pequenas Empresas & Grandes Negócios*. Disponível em: <http://revistapegn.globo.com/Startups/noticia/2017/02/dois-em-cada-tres-jovens-brasileiros-pensam-em-abrir-um-negocio.html>. Acesso em: 3 jun. 2017.

planeta, depois de já ter aberto três empresas. A mais bem-sucedida delas foi a loja Not Before Tea (Não Antes do Chá, em tradução livre). Ele começou vendendo doces pela internet, e hoje comercializa roupas e produtos para crianças, como bolsas, carrinhos de bebê e objetos de decoração.

O pequeno Shuban Banerjee, belga de origem indiana, dedicou suas férias de verão para buscar uma solução mais barata para impressoras que imprimem em braile, sistema de leitura para cegos. Aos 13 anos, ele utilizou algumas peças de lego e seus conhecimentos rudimentares de programação para criar um modelo alternativo aos equipamentos que custavam cerca de 2 mil dólares. Shuban apresentou seu projeto na feira de Ciências do colégio e virou um fenômeno imediato, e a Intel, gigante de tecnologia, decidiu investir em sua ideia. Atualmente, sua empresa conta com mais de dez funcionários e já produz equipamentos que custam aproximadamente 500 dólares. A sensibilidade de Shuban, aliada à sua iniciativa de transformar uma realidade, fizeram o projeto decolar.

O último caso reservo para o brasileiro Davi Braga. O alagoano de 13 anos notou a dificuldade que a mãe, dona de uma papelaria, tinha para lidar com os pedidos de material escolar. A confusão fez com que ele decidisse criar um aplicativo para facilitar o meio de campo. O *app* apresenta uma lista para o cliente, que seleciona os materiais escolares de que necessita. A ferramenta encaminha a lista para a empresa parceira, que entrega

FAÇA SEU NEGÓCIO DECOLAR

todos os materiais solicitados diretamente na casa do cliente. Engana-se quem pensa que, para compor seu time de sócios, ele chamou o pai (que atua como investidor-anjo) ou a mãe – em vez disso, encontrou outros jovens na casa dos 20 anos para entrar nesta batalha com ele.

Essas histórias mostram que aí fora há um exército de sonhadores-realizadores esperando apenas a chance e o tempo certo para despertar. Para você ter uma ideia do tamanho e dos perfis dessa armada, trago alguns números de levantamento realizado pela Confederação Nacional dos Jovens Empresários, em 2016, com mais de 5 mil jovens empreendedores entre 18 e 39 anos de idade nos 26 estados e no Distrito Federal:[22]

→ 71% dos empreendedores são do sexo masculino; 29%, do sexo feminino.

→ 18% têm idade entre 21 e 25 anos; 35%, de 26 a 30 anos; e 28%, de 31 a 35.[23]

→ 22% possuem renda familiar entre 3 e 5 salários mínimos; 32%, entre 6 e 10; e 21%, de 11 a 19.

→ 42% concluíram o ensino superior; 39%, a pós-graduação; e 12%, o ensino médio.

----

22. CONAJE. Perfil do jovem empreendedor brasileiro – Relatório executivo 2016. Disponível em: <http://conaje.com.br/projetos/pesquisa-conaje/>. Acesso em: 3 jun. 2017.

23. Alguns dos resultados apresentados aqui não somam 100%, mas estão exatamente como na fonte de pesquisa.

- → 25% decidiram ser empresários por identificar oportunidade de negócio; 25% sempre quiseram ser empreendedores; e 18% buscavam mais independência.

- → 86% não se prepararam para empreender.

- → 62,8% utilizam sites e redes sociais para se informar sobre empreendedorismo; 57,5% também participam de eventos; e 53,9% são engajados em atividades de movimentos de jovens empreendedores.

- → 57% participam de entidades representativas de jovens empreendedores; 51% faz parte de associações de jovens empreendedores (AJEs); e 22% de movimento jovem do comércio.

- → 51% participam de entidades representativas por causa da rede de contatos; 17%, devido à geração de novos negócios; 17%, para discussão de pautas; e 15%, para capacitação.

- → 63% possuem apenas uma empresa; 25% têm duas; 7%, três empresas; 2% possuem quatro; e 3%, mais de quatro.

- → 18% dos jovens são microempreendedores individuais (MEI); 51% possuem microempresa; 20%, empresa de pequeno porte; 9%, de médio porte; e 1%, de grande porte.

- → 70% possuem até nove funcionários; 21% têm entre 10 e 49; 4%, de 50 a 99; e 5%, mais de 100.

- → 29% conseguem faturamento de até 60 mil reais; 31%, de 60 mil a 360 mil; 29%, entre 360 mil e 3,6 milhões; e 10% entre 3,6 milhões e 48 milhões.

FAÇA SEU NEGÓCIO DECOLAR

→ 20% possuem um ano de empresa; 13%, dois anos; 11%, três anos; 8%, quatro anos; 49%, cinco ou mais anos.

→ 52% desejam abrir um novo negócio num segmento diferente; 25%, no mesmo segmento; 23%, não pretendem abrir nova empresa.

→ 66% não possuem empresa familiar; 34%, sim.

→ 54% conseguiram investimento por meio de financiamento bancário; 39%, através de família e/ou amigos; 5%, por investidor-anjo; e 2%, por fundos de capital de risco.

→ 27% buscaram apoio do Sebrae para abertura ou crescimento da empresa; 23% não tiveram apoio nenhum; 23% buscaram na internet; 17% receberam consultoria especializada; 6% receberam apoio de universidades; e 4%, por incubadoras.

→ 30% possuem dificuldades de gestão financeira; 27%, de gestão de pessoas; 25%, no planejamento; 12%, no marketing; e 5%, em outros aspectos.

→ 58% listam a carga tributária elevada como principal desafio externo; 23%, a burocracia; 8%, a legislação; 6%, a logística; 5% consideram outros aspectos.

São muitos números e você, com certeza, verá a si mesmo entre alguns grupos. O mais importante ao analisar essas informações é perceber a variedade de caminhos. Vemos, por exemplo, como poucas pessoas têm recorrido aos investidores-anjos para apoiar seus projetos, o que pode ser uma grande oportunidade.

Um dos dados mais importantes: 86% dos entrevistados não se preparam para empreender. Eles estão fazendo acontecer, apesar de terem de enfrentar ainda mais dificuldades do que aqueles que se dedicaram a traçar um plano de voo. Você agora tem nas mãos uma chance única de empreender com solidez: foco, conhecimento profundo sobre seu negócio e o mercado, plano de negócios, as bases para uma apresentação bem-sucedida diante de seu investidor potencial e, acima de tudo, você tem o impulso da ação!

DECOLE!

Você aprenderá, em um ano ou dois, como ser um empreendedor de verdade. Os primeiros meses serão árduos, como falei. Haverá noites maldormidas, preocupação com a saúde financeira da empresa, giro de funcionários, contas que não param de chegar, impostos pesados que o deixarão irritado por saber que o retorno do governo não é proporcional. Tudo isso sempre fará parte da sua rotina.

A diferença é que o peso de tudo isso logo no comecinho será diferente do que você sentirá no decorrer dos anos. É exatamente como o seu corpo reage ao ser submetido a exercícios físicos. No início, as dores serão recorrentes, você se cansa mais rapidamente e é comum aquela sensação de que não nasceu para aquilo e que deveria desistir. Não faça isso! Nem com seu corpo nem com a sua empresa. Não tenha medo dos obstáculos. Um bom marujo não se faz em águas calmas, não é mesmo?

Com o tempo, você se sentirá mais confortável com as suas ações e com sua capacidade de análise. Isso o levará a tomar decisões mais ousadas, que poderão trazer mais ganhos para sua empresa. Ou também rever medidas, sistemas e processos para aumentar a produtividade, a qualidade e a lucratividade. Sua confiança em si mesmo aumentará muito – só não a deixe superar sua capacidade de análise. Quando estamos ultraconfiantes acabamos correndo mais riscos, e isso nem sempre é bom para os negócios. Pode resultar em uma má compra ou passar uma imagem equivocada sobre você. É necessário carregar sempre uma dose de humildade, buscar novos aprendizados e maneiras diferentes de fazer as mesmas coisas. Como diz o velho bordão de Albert Einstein: "Loucura é querer resultados diferentes fazendo tudo exatamente igual.".

Também com o tempo você notará que suas responsabilidades aumentaram, principalmente quando sua empresa tiver ganhado escala, contratado pessoas, gerado renda e empregos diretos e indiretos. Você começará a ver que tudo isso é o "seu povo". Há um laço forte que os une. Cada empresa que surge cria um microcosmo, o que é bastante interessante, porque ela acabará alterando alguns cenários.

O primeiro deles será sua vida pessoal. Ali, as mudanças serão bem rápidas. Você gastará mais tempo com o que realmente interessa e trará mais qualidade a essas atividades. A organização e o planejamento que você construiu para sua empresa possivelmente ganharão algumas posições na sua família. Logo você se pegará comparando preços com mais frequência, pechinchando orçamentos para consertos domésticos e planejando com antecedência atividades para fazer em família. Se você já faz isso, ótimo. Capacidade de negociação é importante para um empresário. Lembre-se, porém, que do outro lado também está um profissional. Assim como você, ele precisa manter a empresa dele em pé, cuidar da família e gerar empregos e renda. O fundamental é sempre agir com respeito.

Outro aspecto sobre o qual você tomará consciência diz respeito aos seus pontos fortes e fracos. Um empreendedor é sempre reconhecido por ser um *one man band,* uma banda de um homem só. Ou seja, temos a habilidade de fazer muitas coisas ao mesmo tempo. Saiba que isso é uma excelente qualidade, porém é importante reforçar ainda mais algumas competências. Vamos supor que você se vire bem com a gestão e não esteja tão satisfeito assim com as vendas. Contrate um bom vendedor, assim que puder, mas faça da administração sua área de excelência, elevando cada vez mais o nível. Converse com bons administradores, pesquise sobre o assunto, faça cursos de especialização. É a maneira correta de se diferenciar no mercado. Você precisará sempre de conhecimento para liderar uma empresa.

Em seu processo de consolidação como empreendedor, você passará ainda a sentir cada vez menos frustração. Não que elas

FAÇA SEU NEGÓCIO DECOLAR

deixem de ocorrer. Sua experiência, porém, fará você lidar melhor com elas, enxergar outras pistas onde antes só havia nuvens prejudicando a visibilidade. Perder um negócio é doloroso. É uma oportunidade de ganho que escapa pelas mãos. Deve-se buscar entender por que isso aconteceu. Corrigir rotas, aperfeiçoar tecnologias, melhorar o contato com as pessoas. Serão muitos os tropeções até que atinja uma velocidade de cruzeiro.

Quando sua empresa estiver em pleno voo você se sentirá dentro de uma missão especial. Cada dia tem de ser bem pensado, pois, como disse anteriormente, afetará a vida de muitas pessoas. Quando abri minha primeira empresa, por ser muito novo – tinha apenas 23 anos –, não percebi isso logo de início. No decorrer do tempo, passei a notar que, além de ser empresário, meu senso de comunidade estava aumentando. Ao perceber coisas na minha vizinhança que precisavam ser melhoradas, passei a procurar pessoas interessadas em atuar nessas causas e conseguir as benfeitorias. Surgia assim o senso de missão especial.

A força interior que conquistei ao me tornar empreendedor era tão grande que queria expandi-la para outras áreas. Não queria só que minha empresa desse certo, decolasse e passasse a dar lucro, desejava também que houvesse prosperidade para os meus funcionários e, por consequência, para o país.

Participar de projetos sociais, poder ajudar uma instituição ou uma pessoa de forma voluntária e altruísta é um trabalho que todo empreendedor deveria fazer. Se houvesse um curso de graduação superior em Empreendedorismo, essa seria uma matéria obrigatória.

Comigo não foi diferente. Quando decidi empreender no ramo da alimentação, em 2012, tive o privilégio de ter uma porção de contatos com os colaboradores dia a dia.

Por causa do famoso *turnover* (rotatividade) de colaboradores que vivemos no Brasil, onde a mão de obra é escassa e precária, conheci muitos jovens aspirantes ao cargo de gerente de uma das unidades. Entre eles, está um menino de 20 anos que me surpreendeu. Ele tinha algo que admiro muito num ser humano: ambição consciente. Mas que raios é isso?

Ambição consciente é ser ambicioso sem deixar de ter os pés no chão. Sonhar, sim, mas saber que para realizar um objetivo você precisa ter foco, paciência, diligência e senso de execução. Ele, apesar de problemas pessoais e de ter completado apenas o ensino fundamental, tinha tudo isso.

Não me recordo de ele vacilar em horário de trabalho. Ele queria crescer, mas precisava de uma oportunidade. Nem perguntei, o que talvez tenha sido um erro, dada à minha intromissão em sua vida pessoal, reuni seus dados pessoais e o matriculei na chamada Educação de Jovens e Adultos (EJA), o antigo supletivo, para que ele pudesse completar o ensino médio. Ele adorou a ideia e sentiu que ganhara mais que um chefe. Ele ganhou um admirador.

Atualmente, ele não trabalha mais comigo, mas voou alto. Entrou num curso superior de administração de empresas e abriu o próprio negócio. Sempre que conversamos, diz, de forma carinhosa, que quem o encaminhou na vida fui eu. Sinceramente, discordo. Quem realmente quis foi ele. Fui apenas a centelha de que ele precisava naquele momento.

Ações desse tipo me trouxeram importantes lições que acabei levando para minha vida profissional: ouvir bastante, observar e incentivar as pessoas para que elas se sintam estimuladas e comprometidas. Não tenho a pretensão de ser nenhum messias aqui. Só quero exemplificar como, a partir do momento em que você toma as rédeas da sua vida, você acaba fazendo coisas além do seu umbigo. E passa a pensar num futuro mais promissor, com mais prosperidade e mais igualdade de oportunidades.

O legado de um empresário pode e deve ir além do patrimônio que ele construirá. Veja quão inspirador é ver as ações filantrópicas de Bill Gates, na Fundação Bill & Melinda Gates, que luta para erradicar a pobreza no mundo, ou de Paul Allen, cofundador da Microsoft, que criou um instituto de pesquisa de Neurociência. Lembre-se de que esses profissionais começaram com um sonho. Fizeram da garagem de casa o escritório e conquistaram (e mudaram) o mundo. Agora, de outra maneira, tentam fazer novas alterações.

O empreendedor é mesmo um transformador de realidades, tanto a dele quanto a de seu entorno e a de seus descendentes. Ainda há muitos que não percebem esse papel social. Felizmente, isso tem sido bem diferente nas mãos da turma que vem chegando agora neste mundo dos negócios. Queremos, sim, ser bem-suce-didos, conquistar coisas e ter independência financeira. Contudo, também desejamos ter um propósito no que estamos dedicados a construir. Algo que possa deixar um legado para as próximas gerações, que, por meio do nosso exemplo, façam desta viagem chamada vida um lugar mais bacana.

Vamos decolar?

Este livro foi impresso pela
Gráfica Rettec em papel norbrite 66,6 g.